サクセス15　December 2011
http://success.waseda-ac.net/

08 **よくわかる推薦入試**
仕組みから対策まで

16 **見て触って学べる施設を大特集**
教室を飛び出して楽しく学ぼう!

06 **早稲アカ 秋フェス**
有名高校進学講演会

22 SCHOOL EXPRESS
実学の精神を受け継ぎつつ
新たな100年がスタート
中央大学横浜山手高等学校

28 School Navi 123
西武台千葉高等学校

29 School Navi 124
駒澤大学高等学校

32 Focus ON 公立高校
自主自律の校訓のもと
「チーム大宮」で夢を実現する
埼玉県立大宮高等学校

REGULAR LESSONS
20 東大への近道
37 ミステリーハンターQの歴男・歴女養成講座
38 和田式教育的指導
45 正尾佐の高校受験指南書
46 宇津城センセの受験よもやま話
48 東大入試突破への現国の習慣
50 楽しみmath数学! DX
52 サクセス出版英語ことわざ辞典
53 あれも日本語 これも日本語
54 みんなの数学広場
58 先輩に聞け! 大学ナビゲーター
61 世界の先端技術
63 サクニュー ニュースを入手しろ!
65 高校受験ここが知りたいQ&A
67 Success Cinema
69 サクセスランキング
70 サクセス書評
72 15歳の考現学
74 私立INSIDE
76 公立CLOSE UP
82 高校入試の基礎知識
85 サクセス広場
86 私立高校の入試問題に挑戦!!
88 中学生のための学習パズル
94 イベントスケジュール
95 さくいん
96 編集後記

information
ーインフォメーションー

早稲田アカデミー
各イベントのご紹介です。
お気軽にお問い合わせください。

小1～中3 冬期講習会 受付中

12/26(月)～29(木)・1/4(水)～7(土)

冬期講習会で実力アップ！ヤル気アップ！

はじめるなら早稲アカ!!

毎回の授業でテストを実施！学力の伸びが確認できる！

● **総復習で実力アップ**
・一年間の総復習ができる！
・全8日間の集中特訓！
・熱い先生が君を待っている！

● **早稲アカなら効率よく勉強できる**
・1クラス平均15～16名の少人数制授業！
・学力別のクラスで無理なく学習できる！
・ライバルと一緒、友達と一緒、だからヤル気がでる！

冬期講習会は飛躍のチャンス！

冬期講習会では、2学期の学習内容に重点をおきながら、1年間の総まとめ・総仕上げを行います。8日間の集中特訓の中で復習のための学習と総合力養成のためのテストゼミをバランスよく取り入れて行います。

受験学年にとっては最終調整を行う場です。今まで培ってきたものを冬期講習会でより高いレベルにするための充実した8日間をご提供します。

クラス分けテスト

希望者には個別カウンセリング実施
毎週 土曜日 14:00～
※学年により終了時間が異なります。
[小学生] ▶ 算数・国語 [中学生] ▶ 数学・国語・英語
小5S・小6Sは理社も実施
●受付時間 ▶平日 / 12:00～20:30 ●テスト代 ▶2,000円
※小1・小2はクラス分けテストはありません。

無料体験授業受付中

早稲田アカデミーでは大切な冬の勉強の前に無料の体験授業を実施しています。早稲田アカデミーの授業の雰囲気を知る絶好の機会です。お気軽にご参加ください。

いつもと違う環境でさらにレベルアップ！

正月特訓

中2・中3 対象

中2 実力アップ 正月特訓 実力と自信。この2つが身に付きます。
12月30日、1月2日・3日[全3日間] 9:00～17:00 28,000円(塾生25,000円)

中3 入試直前 正月特訓 得点力アップは間違いなし！
12月30日～1月3日[全5日間] 8:30～17:30 51,000円(塾生48,000円)

4年連続全国No.1 開成高 65名合格！(男子私立最難関 定員100名)
3年連続全国No.1 慶女高 72名合格！(女子私立最難関 定員100名)
2年連続No.1 都立日比谷高 70名合格！
全国No.1 筑附高 32名合格！(共学難関校 定員80名)

※No.1表示は2011年2月・3月当社調べ

03(5954)1731まで 受付時間 12:00～20:30(日・祝除く)

詳しいパンフレットお送りします

秋 フェス

早稲田アカデミー主催 秋の学校・教育フェスティバル

～有名高校進学講演会～

毎年恒例の早稲田アカデミー主催による秋の学校教育フェスティバル。有名高校の先生がたによる講演会の模様をお伝えします。

❶多くの来場者で埋まった会場の様子（10月4日）

❷埼玉ブロック統括副責任者兼新越谷校校長 吉田正則先生による講演（9月28日）

❸スライドを多用した講演

❹受付の様子

❺当日来場者に配布された資料（10月4日）

毎年恒例の早稲田アカデミーが主催する「秋の学校・教育フェスティバル」、通称「秋フェス」が９月20日（火）～ 11月11日（金）にかけて今年も行われました。

そのうち「有名高校進学講演会」は全10回、各県トップ校の公立高校や有名私立高校計34校が参加されました。

９月28日（水）より行われた「有名高校進学講演会」は、「埼玉県立トップ校進学講演会」で幕を開けました。年々人気が高まり続けている公立高校ですが、掲げている教育理念や校風は学校によってさまざまです。各学校の先生がたは自校の教育理念や校風、最新の入試情報などについてお話しされました。

また、10月～ 11月にかけて、戸山、西、日比谷をはじめとする、非常に人気の高い都立高校９校による「難関都立高校進学講演会」が３回に分けて開催されました。

もちろん、公立高校だけでなく、私立高校、名門大学附属高校の講演会も行われ、いずれも各校の先生がたが自校の特色や魅力を熱心に語られました。名門私立大学の附属・系属高校は依然として高い人気を誇っていますが、同じ大学への附属・系属高校でも、学校によって独自の教育理念や校風を持っています。詰めかけた保護者の方々は、各学校の独自性やよさを十分に感じ取れたことでしょう。

どの講演会もたくさんの保護者の方々が来場され、会場内にはみなさんの熱意が満ちあふれていました。

参加されたみなさんは、有意義な情報を持ち帰られたことと思います。お子さまの受験を応援する気持ちは必ずや実を結ぶことでしょう。

よくわかる推薦入試

仕組みから対策まで

推薦入試の仕組みってわかっているようで、
じつはよく知らない人も多いのでは。
そこで、中学3年生はもちろんのこと、
来年以降に受験を控えている
生徒たちにもわかりやすく解説し、
なおかつ推薦入試の作文の書き方や
面接対策も教えちゃいます。
これを読んで推薦入試にチャレンジしよう!!

推薦入試対策

仕組み

ここでは推薦入試の実施方針や選抜方法についてご紹介します。東京都立高校と神奈川県立高校の推薦について勉強しよう。また私立高校の場合は、各学校によって推薦基準が違うためチェックしておこう。

公立高校編

【東京都立高校】

都立高校の推薦入試制度

都立高校の推薦入試には「一般推薦」と「文化・スポーツ等特別推薦」の2種類があります。今回はそのうち定員幅が大きい一般推薦について見ていきます。

一般推薦の選考は、面接と調査書がメインとなり、学校によって小論文・作文、実技検査などが行われます。

どうして志望者が殺到するのか

都立高校では、おもに全日制で推薦入試が行われています。推薦枠は、各校各学科によって違いますが、全日制普通科の場合は定員の20％以内が推薦枠です。そのなかで推薦入試を受検する人数が多いため、非常に高い倍率になります。

推薦の志願においては具体的な成績での制約はありません。在学する中学校長の推薦があれば、だれでも出願し受検できます。ですから受検する人も多く、もし合格できなくても、一般入試でさらにチャレンジできるため、推薦入試を志願する生徒が増えるのです。

たとえ不合格になったとしても、それ以降の一般入試で合格していくケースが非常に多いですから、落胆することはありません。定員も一般入試の方が多いので、それに向けて頑張りましょう。

●面接

都立高校推薦入試においては面接における評価がかなり大きな比重を占めています。推薦入試では、志願者全員に面接を行います。志望動機、理由、興味や高校進学後の抱負、中学校生活やクラブ活動について、提出された「自己PRカード」に基づいて質問がなされます。特別なことが問われるわけではありません。

各校によって面接の形態は違い、個人面接やグループによる面接が行われます。個人面接の場合は生徒1人に対して2～3人の試験官がつき、およそ10分程度行います。グループ面接の場合は、生徒5人程度に対して15～20分程度行われるのが一般的です。試験官は、すでに提出されている自己PRカードに基づいて質問をします。

●自己PRカード

「自己PRカード」も受検する高校に提出します。この自己PRカードは、都立高校があらかじめ示している「本校の期待する生徒の姿」を参考に受験生本人が記入します。記入には①志望理由、②中学校生活のなかで得たこと、③高校卒業後の進路についての3つの欄があります。③は昨年度入試から加わり、進学後の進路指導の参考にもされます。自己PRカードは点数化はされませんが、面接を行う際に資料として活用されます。

●調査書

調査書は、必修教科の観点別学習状況の評価（全37観点）、または評定（9教科）のどちらか1つを調査書点として点数化します。点数化にあたり、観点別学習状況の評価を用いる場合は、各校の特色に応じて、特定の観点の配点を高くするなどして活用します。

評定を用いる場合は、各教科に傾斜配点することは行っていません。

●小論文と作文

小論文・作文の実施校は来年度入試から上位校を中心に23校も増えますので注意が必要です（昨年まで37校）。

小論文は資料が示され、それに対す

る考察を論じる形となります。

作文は題材に対して、自分の観点や感想、意見を述べるものですが、西高のように作文とはいいながら、哲学者などの名言が示され、それについて述べるものもあります。小論文、作文とも600字以内という学校が多くを占めます。

●実技検査

実技は各校によって内容が違います。上位校では国分寺が、壁新聞を作り、その中身をプレゼンテーションする実技を行っています。

【神奈川県公立高校】

神奈川県は、これまであった推薦入試を廃止し、2004年度からは前期選抜と呼ばれるようになりました。ただ、この方式も来春入試を最後に改められ、前期・後期を一本化、すべての入試で学力検査を行うこととなります。

最後となる来春の前期選抜では学力検査はなく、調査書と面接が中心で選考されます。これまでの推薦入試と同じですが、中学校長の推薦書がいらない、いわゆる自己推薦入試です。

志願者は「入学願書」と「自己PR書」を志願する高校に提出します。自己PR書は、東京都同様、面接の際、参考資料として活用されます。

前期選抜のもう1つの特徴は、志望する学校が第1志望であることを前提としています。そして、合格した受験生は、入学を辞退して公立の後期選抜を受けることはできません。ただし、前期選抜と私立高校とを受験し、両方受かった場合には、前期選抜合格を辞退して、私立高校へ進学することは可能です。

人気が高く難関の前期選抜

公立高校前期選抜も人気のある学校は志願者が大変多く、出願しても合格できないことも少なくありません。もし、前期選抜でよい結果が得られなくても、落ち込むことはありません。

こうした人気のある上位校出願者にとって、前期選抜は、東京都立高校同様にチャレンジ的な要素が強くあります。前期選抜だけで受かろうとせずに、一般入試も視野に入れて受験に向かっていってください。

●検査内容

前期選抜では面接を行います。さらに、必要に応じて作文、実技検査、自己表現活動を検査として行う場合があります。

神奈川県立高校においても、作文や面接は各校とも例年と同じような内容のテーマや、面接での質疑が実施されています。受検の準備にあたっては過去の前期選抜を調べ、勉強しておくことが必要でしょう。

●調査書と選考方法

事前に公表される「総合的選考の選考基準」に基づき、調査書における学習の記録（内申点）や記載事項（資格・部活動や生徒会の活動実績など）、面接の結果、および各校の必要に応じて実施した検査の結果（作文・実技検査・自己表現活動）を資料として選考します。それらの資料の扱い方、点数の付け方などは各高校で違います。

●募集人員

前期選抜の募集人員は、総定員の20％以上50％以内の範囲（※）で、各高校ごとに設定します。上位校では20％または30％、中堅校では50％に設定しているところが多くなっています。

※クリエイティブスクール（田奈高校、釜利谷高校、大楠高校）は、前期選抜の募集比率が最大80％となります（2011年度は田奈・釜利谷・大楠高校は80％）。

私立高校編

私立高校入試には、公立高校とは違い、さまざまな入試方式があります。東京都、神奈川県、千葉県の私立高校の場合は、「入試相談」を行います。これは中学の先生と高校の先生が事前に（12月なかばごろから）生徒の合格の可能性を話しあうものです。

この「入試相談」での結果、合格の可能性がないと、その高校へは出願しないことになりますので、自然と受験生の数が絞られ、応募者数と合格者数がかなり近づくわけです。

また、受験生の学力を見極めるため「適性検査」を実施する学校もあります。この場合の「適性検査」は、学力検査に近いもので、相応の対策が必要となります。志望校の推薦入試形態をよく研究しておきましょう。

【東京】

●推薦（単願）

受験する学校が示す推薦基準をクリアして、事前相談で「大丈夫ですよ」

と言われていれば、かなりの確率で合格できます。

●併願推薦

都立との併願を認めて、入学手続きを待ってくれる制度です。かつてはB推薦と呼ばれて私立高校同士の併願が暗黙のうちに行われていましたが、現在はできません。近県在住の生徒に限っては、併願をしても問われません。

●自己推薦

学力面では推薦基準に達しない場合でも、部活や諸活動で特記する事項があれば中学校長の推薦書がなくても推薦入試が受けられます。入試では面接等とその活動実績が問われます。

【神奈川】Kanagawa

神奈川県の私立高校の推薦入試は、一部の難関高校を除き、ほとんどの私立高校が採用しています。内申による出願資格や応募資格を設けており、中学校長の推薦書が必要です。また、スポーツ推薦や技能推薦などの推薦制度もあります。

神奈川県の推薦入試の場合も東京都の私立と同じように「入試相談」が行われています。

応募資格をクリアした生徒は、面接・作文等の試験を行い、1月中には合否が確定します。学力検査は行われません。

万が一、ここで不合格になったとしても、同じ高校を一般受験で再受験することもできます。

合格したら、その高校に入るのが基本ですが、公立高校の前期選抜と併願ができる「推薦Ⅱ」を各高校の判断で実施できるようになっています。推薦Ⅱは県内私立高校の約半数が導入しています。

神奈川県私立高校の推薦入試は、神奈川県の公立入試が「内申点の割合が大きい」ということから、多くの私立高校が内申重視で行っており、次の3種類があります。

●書類選考

面接や筆記試験が必要なく、調査書などの出願書類のみで選考する入試制度です。学校によって第1志望者のみを対象とする場合と、併願が可能な場合があります。

●推薦Ⅰ

私立高校1校のみを受験します。学力検査は原則としてありません。事前に中学と高校の間で、入試相談が行われているために出願資格を満たしていれば、ほとんどの志願者は合格します。しかし、慶應義塾のように、資格を満たしている場合でも不合格になる学校があります。

●推薦Ⅱ

2004年から導入されました。

私立高校1校と、公立高校の前期選抜に限って併願が可能となっており、前期選抜が不合格になった場合は、その私立高校に必ず進学しなければいけません。両方に合格した場合はどちらかを選びます。こちらも推薦Ⅰと同じように、中学と高校との間で事前に入試相談が行われています。学力検査は原則としてありません。公立高校後期選抜には出願できません。

【千葉】Chiba

千葉県内の私立高校では1月中旬に前期選抜、2月上旬に後期選抜が実施されます。前期選抜期間中に単願入試だけでなく併願入試も実施されるため、多くの学校で前期に応募者が集中し、ほとんどの受験生が前期選抜で私立入試を終えてしまいます。

●前期入試

前期入試では、推薦入試と一般入試が行なわれます。

推薦入試では、学校推薦のほかに自己推薦制度を実施する学校もあります。

学校推薦は中学校長の推薦書が必要で、おもに面接と調査書、作文などで選抜されます。

しかし、最近では学校推薦であっても「適性検査」を実施する学校も増えてきています。

それらの学校では推薦といっても不合格となる場合があります。

自己推薦では学力検査があり、実力勝負の選抜となっています。

【埼玉】Saitama

埼玉県公立高校の入試制度改編に伴い、私立高校はほとんど前期(1月下旬)の間に入試が実施されるようになりました。埼玉では私立の前期・後期は入試時期のことで、入試の内容は変わりません。

前期に単願入試・併願入試が行なわれます。多くの学校で学校推薦(おもに単願)や自己推薦(単願・併願)制度があり、内申による出願基準が設けられています。単願・併願入試とも3科の学力検査を実施する学校が多く、学力重視の選抜になっていますので、東京・神奈川の推薦入試とは趣きを異にしています。

後期(2月以降)に入試を設定している学校もありますが、募集枠は少なく2次募集的な面があります。

埼玉県内の私立高校では、他都県の私立高校で行なわれる中学校の先生と高校の先生による「事前相談」はありません。受験生は各高校で行なわれる学校説明会や個別相談会で、合格の見通しを聞くことになります。

推薦入試対策

作文編

推薦入試で作文がある場合、対策は必須です。このページでは、推薦入試での作文の目的と、書く際のポイントなどをご紹介します。

推薦入試での作文の意義

作文では人物像を見ています

推薦入試において作文が実施される理由は、作文を通して受験生の人物像を見るためです。学校側にとっては、その受験生がこれまでどんな生き方をしてきたのか、どんな考えを持っているのかを見ることを目的としています。ですから、文章のうまい、へたはそれほど気にしなくても大丈夫です。

2つのポイントを押さえよう

推薦入試で評価される作文とは「主張が明確であること」、そして、「独創性があること」です。この2つを意識して書くことがポイントになります。

・主張が明確であること

意見や感想を求められる出題の場合には、自分の主張が明確に伝わる文章を書きましょう。「これも大事だが、こちらも捨てがたい」、「よくわからない」という曖昧な書き方はしないようにしましょう。

・独創性があること

前述したとおり、推薦入試の作文では受験生の人物像を見ています。少しでも、自分ならではの視点を入れた文章になるように心がけて書きましょう。

推薦入試・作文の出題は…

推薦入試の作文は、試験時間や指定文字数が各校ごとに違います。時間は40～50分、文字数は600字前後が標準的だと言えます。

出されるテーマは、①「中学校時代の思い出」「高校生活への抱負」など抽象的な出題　②短い文章を与えられて、それについて自分の見解や感想を求められる出題の2つのパターンがほとんどです。

一般的には、過去の入試で出されたテーマや出題形式とよく似た形で出される傾向があります。志望校の過去の出題をチェックしましょう。

入試作文のポイント

1 文体を統一すること！

作文を書くときは文体を揃えます。必ず「です・ます調」（敬体）か「である調」（常体）のどちらかに統一しましょう。指定がない限り、どちらを使ってもかまわないので、書きやすい方にしましょう。自分のなかでどちらで書くかを決めておくのもよいですね。

2 誤字・脱字は厳禁！

誤字・脱字はNGです。書き終わったら必ず見直しをしましょう。

3 指定文字数は絶対に守ろう！

指定された文字数は必ず守ります。指定よりも極端に少なかったり、多かったりするのは好ましくありません。

「～字以内」という場合は指定文字数の80％、「～字程度」という場合は指定文字数よりマイナス20％～プラス20％までを目安に書くようにしてください。

4 読み手を意識して書くこと！

1つの文章を短く簡潔に書く、適度に改行を入れるなど、読み手のことを考えて読みやすさを心がけましょう。ひらがなが多すぎる文章も読みにくいので注意です。

作文力を伸ばす勉強法

とにかく書いてみよう

作文対策には、とにかく実際に作文を書いてみることが大切です。どんどん書いて、文章を書くことに慣れていきましょう。題材は、志望校で過去に出されたもので書きます。作文が苦手な人は、書こうと思うおおまかなポイントや流れをメモして、それを参考に文章を組み立てていく訓練を繰り返します。

だれかに読んでもらおう

書いた作文は、自分以外の第三者、学校や塾の先生、家族などに読んでもらって感想を聞いてみましょう。自分では気づきにくい文章の矛盾点や、誤字・脱字などに気づかされ、とても勉強になるはずです。

作文上達に有効な勉強法は

作文上達のためによい文章を読むことは有効ですが、受験生は他の教科の勉強もあり、なかなか読書に時間を割くのは難しいと思います。こうした忙しいなかでもできる勉強法は、新聞のコラムを読んで、大事だと思った箇所や疑問に感じたところに線を引くという作業です。新聞の文章は、だれが読んでもわかりやすいように書かれています。簡潔で明確な表現の文章を毎日読むことで、文章中のキーワードを見つける力や語彙力が鍛えられると同時に、世の中の一般的な考え方も身につけることができます。

推薦入試
対策

面接編

推薦入試は、一般入試と違って学力試験が行われないので面接試験を重要視する学校が多いです。きちんと受け答えができればとくに問題はないので、しっかりポイントを押さえておきましょう。

推薦入試での面接の意義

面接の目的

面接試験は、受験生の人柄や意欲、学校に合っているかどうかを判断するための手がかりとして実施されています。

★面接官が重視するポイント

①受験生がどのような人物か
②校風に合っているか
③入学への意欲はどうか
④基本的生活習慣(あいさつ・態度など)が身についているか
⑤自分の考えを自分の言葉で言えるか
⑥目上の人に対しての言葉遣いはどうか

実施方法2つのパターン

①個人面接
受験生が1名で面接官が1〜3名が一般的。
推薦入試では、このタイプの面接試験が多いです。

②グループ面接
複数の受験生がグループで面接を受けます。

よく聞かれる質問

●志望理由
例：なぜこの学校を志望したのですか?

●自己PR
例：長所と短所を教えてください。

●中学生活
例：中学校ではどんなことを頑張りましたか?

●部活動
例：部活動で一番印象に残っているのはどんなことですか?

●将来の目標
例：将来はどんな職業につきたいと考えていますか?

●得意教科・不得意教科
例：苦手な教科についてはどういう勉強をしていますか?

●特技・趣味
例：特技と言えるものがあれば教えてください。

●時事問題
例：最近、関心を持ったニュースはどんなことですか?

●高校生活への豊富
例：本校に進学したらどのような高校生活を送りたいですか?

面接試験のポイント

1 面接で気をつけること

①控え室では、友人がいても私語は慎みましょう。
②話し方は、普段より少し大きな声で明るくハキハキと聞き取りやすく話しましょう。
③立ち居振るまいを意識しましょう。
④面接官の質問の意味を正しく理解し、筋道を立てて自分の考えを話しましょう。
⑤正しい敬語を使いましょう。
⑥服装や身だしなみは事前にチェックしておき、好感をもたれるようにしましょう。
⑦視線は面接官のネクタイの結び目あたりを基本に、答えるときは目を見て話しましょう。
⑧グループ面接の場合は、他の人の発言をよく聞く姿勢を見せることが最も大切です。

2 面接対策

事前に学校についてしっかり調べておくことが必要です。

また、質問に対しての答えを丸暗記しておくのではなく、なにをどう答えるか、答えの「材料」を自分なりに書き出して準備することが大切になります。準備しておけば、本番では、慌てず臨機応変に対応することができます。

日常生活では、「立ち居振るまい」や「話し方」を日ごろから意識して身につけておきましょう！

身だしなみ

1 髪　型

髪はきちんととかして清潔にしておきましょう。

2 制服の着方

ボタンは上まで留めます。ネクタイやリボンはきちんと結んでおきましょう。

3 手の位置

女子の場合は膝の上に両手を軽く重ねて置き、男子の場合は両膝の上に軽く握って置くとよいでしょう。

4 スカートの丈

とくに面接官の目につきやすいので座ったときにも膝が少し隠れるくらいの長さにしましょう。

5 上履き

かかとを踏まないようにしましょう。

東京都江戸東京博物館

徳川家康が江戸にやって来てから東京オリンピックまでの約400年間を、たくさんの模型や資料を通して解説する博物館だ。教科書だけではわからない魅力ある展示がいっぱいで、「歴史って暗記ばっかりでつまんない…」と思っている人にこそおすすめだ！

所在地：東京都墨田区横網1-4-1
ＴＥＬ：03-3626-9974
アクセス：JR総武線「両国」徒歩3分、都営大江戸線「両国」徒歩1分
開館時間：午前9時30分から午後5時30分（土曜日は午前9時30分～午後7時30分）
休館日：月曜日（ただし祝日の場合は開館し、翌日休館）
観覧料：常設展　一般 600円、65歳以上の方 300円、大学生 480円、高校生・都外の中学生 300円、都内在住または在学の中学生・小学生・未就学児童 無料
ＨＰ：http://www.edo-tokyo-museum.or.jp/

細部まで再現された町人の街。双眼鏡でじっくり観察できるぞ！

江戸のくらしを体感しよう

６階から入場すると、正面に大きな日本橋が見える。この橋の左側が江戸ゾーン、右側が東京ゾーンとなっている。

江戸ゾーンは、当時の人々の生活に密着した展示になっているのが特徴だ。長屋での質素な生活の様子がわかる実物大の模型や、当時の街の様子を細かく再現したジオラマを見ると、現代のくらしと江戸のくらしにはどんな違いがあったのかよくわかる。

江戸ゾーンの中心となっているのは、歌舞伎劇場を復元したひときわ大きな建物「中村座」だ。なかに入ると、本当に歌舞伎座にいるような雰囲気を感じることができる。この中村座の前には観覧席が用意されており、そこでは毎週土日と祝日に「えどはく寄席」が開催されている。週ごとにテーマを設け、日本の伝統楽器の演奏や落語、マジックなどを見ることができるぞ！

歴史の転換点をその目で追体験しよう

明治神宮外苑にたたずむ聖徳記念絵画館には、明治天皇の業績を中心に描かれた壁画 80 枚が展示されている。そのなかには、みんなが社会の時間に習ったであろう歴史的場面が描かれたものもあり、とくに「大政奉還」や「江戸開城談判」などの絵画は、実際に教科書や資料集に使われているものだ。番号順に見ていくことで、徳川幕府から明治政府へと政権が移り、日本が近代国家へと変わっていく様子を知ることができる。

聖徳記念絵画館

当時の流行を取り入れて造られた重厚な外観も特徴的だ

所在地：東京都新宿区霞ヶ丘町1-1
ＴＥＬ：03-3401-5179
アクセス：JR中央・総武線「信濃町」徒歩5分、都営大江戸線「国立競技場」徒歩5分、地下鉄銀座線・半蔵門線・都営大江戸線「青山一丁目」徒歩10分
開館時間：午前9時から午後5時（入館は午後4時30分まで）
休館日：年中無休（都合により休館することあり）
施設維持協力金：500円
ＨＰ：http://www.meijijingugaien.jp/art-culture/seitoku-gallery/

中村座のなかでは、歌舞伎の舞台も再現されている

華やかな様子が再現されている中村座

学ぼう！

机に向かうのだけが勉強じゃない！展示を見たり、アトラクションを体験したりすることで、学習を深められる施設をご紹介します。楽しい思い出ができ、勉強にもなって一石二鳥。ぜひ、家族や友だちと出かけてみてはいかがでしょうか。

マジカルパフォーマンスシアターでは、授業に沿ったテーマを3D映像と解説で楽しめる

リスーピア

所 在 地：東京都江東区有明3-5-1 パナソニックセンター東京内
T E L：03-3599-2600
アクセス：りんかい線「国際展示場」徒歩2分、ゆりかもめ「有明」徒歩3分
開館時間：午前10時から午後6時（3階は最終入場午後5時）
休 館 日：月曜日・年末年始
入 館 料：3階ディスカバリーフロア内のディスカバリーフィールドのみ大人500円、高校生以下・障害者手帳をお持ちのかた、およびその付き添いのかた1名無料
H　　P：http://risupia.panasonic.co.jp/

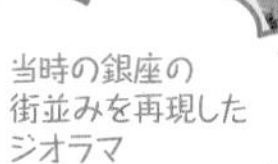

当時の銀座の街並みを再現したジオラマ

かつて銀座四丁目の交差点に建っていた「朝野新聞社」

理科や数学が身近に感じられる体験型ミュージアム

リスーピアは、理数好きの人を少しでも増やしたいという思いから造られた日本で唯一の理数ミュージアム。３階のディカバリーフロアでは、ゲーム感覚で直感的に理科や数学を楽しめる展示や体験コーナーがある。展示体験後には「ディスカバリースコープ」という端末機器が、いま体験したテーマや原理を応用した身近な事例についてガイドしてくれるので、理科や数学がいかに普段の生活に結びついているのかがよくわかるぞ！

東京オリンピックは、復興の象徴だ

実際に「纏」を持ってみよう

江戸から東京へ…都市の発展を見てみよう!

江戸ゾーンを見終わったら、つぎは東京ゾーンに入ろう。東京ゾーンに入るとまず目に飛び込んで来るのが「朝野新聞社（ちょうやしんぶんしゃ）」の建物だ。新聞社は、江戸時代に比べて情報伝達が活発に行われるようになった明治時代の象徴なんだ。東京ゾーンを進んでいくと、当時の街並みの写真やジオラマが数多く展示されていて、西洋建築の建物がどんどん増えていく様子がよくわかる。ジオラマのなかには、時間によって動くものもあるから、探して見てみよう。

東京という都市は、関東大震災や戦争で何度も壊滅状態になりながらも復興を遂げてきた。東京オリンピックを迎えるまでにさまざまな試練を乗り越えてきた都市の歴史を、しっかりと目に焼き付けよう。

体験スポットにも注目

青い看板は、体験スポットの目印だ。江戸ゾーンでは、かつて大名が乗っていたかごに乗ったり、江戸の街で火消しが持っていた「纏（まとい）」を実際に持ちあげてみたりすることができる。さらに東京ゾーンでは、人力車や、日本で初めてできた電話ボックスも体験できる。もちろん写真撮影もＯＫだから、来館の記念にもなるぞ。

電話ボックスの受話器からは、音声が流れてくる

こんな看板を見かけたら、なにか体験ができるぞ！

12階建ての「凌雲閣（りょううんかく）」は、明治・大正時代当時のランドマークだった

教室を飛び出して

見て触って学べる施設を大特集

楽しく

有機ELで映し出す輝く地球

日本科学未来館のシンボル展示である「Geo-Cosmos（ジオ・コスモス）」。気象衛星が撮影した画像データを取り込んで、前日の昼までの90日間の雲の動きを約8分間で再現している。普段は雲の流れを映し出しているが、ほかにもさまざまなデータを映し出すことができる。そのデータを見ることができるのが「Geo-Scope（ジオ・スコープ）」だ。タッチパネルになっているボードで、地球の様子をいろいろな角度から見てみよう！

今年、開館10周年を迎えた日本科学未来館。先端の科学技術が、どのように社会に役立てられていくのかをわかりやすく体験できるのが魅力だ。「科学ってなんだか難しそう」と思っている人も心配いらない。気軽に行ってみよう！

所 在 地：東京都江東区青海2-3-6
T E L：03-3570-9151
アクセス：新交通ゆりかもめ「船の科学館」徒歩5分・「テレコムセンター」徒歩4分
開館時間：午前10時から午後5時（入館は閉館30分前まで）
休 館 日：毎週火曜日（夏休み中など開館の場合あり）、年末年始、ほか
入 館 料：常設展示　大人600円、18歳以下200円
H　　P：http://www.miraikan.jst.go.jp/

近くのものは大きく、
遠くのものは小さく
作られている

「情報」に対する考え方を学ぶ

「アナグラのうたー消えた博士と残された装置ー」では、空間情報科学の技術を体感しよう。チケットを持って「アナグラ」に入ると、足下に「ミー」と呼ばれるキャラクターが現れる。「ミー」は、「アナグラ」のなかでの自分自身を表しているんだ。「アナグラ」内の装置を操作することで「ミー」に情報が刻み込まれ、さまざまな体験ができる。使い方によって、良し悪しが変わってしまう「情報」。「情報」とはいったいなんなのか？　「アナグラ」のなかで考えてみよう。

三菱みなとみらい技術館

所 在 地：神奈川県横浜市西区みなとみらい3-3-1
T E L：045-200-7351
アクセス：みなとみらい線「みなとみらい」徒歩3分
開館時間：午前10時から午後5時（入館は午後4時30分まで）
休 館 日：月曜日（祝日の場合はその翌日）、年末年始、特定休館日
入 館 料：大人300円、中・高校生200円、小学生100円、65歳以上と障害者手帳をお持ちのかた、およびその付き添いのかた無料、小・中・高校生、専門・短大・大学生の校外学習は無料（要予約）
H　　P：http://www.mhi.co.jp/museum/

国産初のジェット旅客機MRJのコックピット

日本が誇る最先端科学技術に触れてみよう！

三菱みなとみらい技術館では、日常生活で触れることの少ない最先端の科学技術を、「航空宇宙」「海洋」などの6つのゾーンに分け、迫力ある実機や大型模型などで紹介している。有人潜水調査船「しんかい 6500」1/2模型など、興味をひかれるものばかりだけど、なかでも「MRJフライトチャレンジ」は、旅客機のコックピットに座って、CGで作られた仮想空間の飛行を楽しめるという。ほかではちょっとできない体験ができる大人気展示だ。

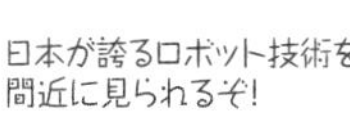

日本が誇るロボット技術を
間近に見られるぞ！

ASIMOが毎日登場！

2足歩行ロボットASIMOの実演も見ることができる。大人気のASIMOのステージは、1日2回、なんと毎日行われている。ASIMOは働き者だね。（12月8日～21日は、メンテナンスのため休止）

さまざまな科学実験が目の前で見られる科学館

実際に産業に応用された科学技術を体験しながら学べる千葉県立現代産業科学館。「現代産業の歴史」、「先端技術への招待」、「創造の広場」の3部門の展示があり、各展示場では、毎日行われている楽しくて不思議な科学実験に参加できるぞ。また、12月20日から来年の1月10日の日程で、企画展「帰ってきた探査機『はやぶさ』」が開催される。あの「はやぶさ」が小惑星イトカワから持ち帰ったカプセルなどが展示される予定だ（カプセル展示は1月6日～1月10日）。

千葉県立現代産業科学館

所 在 地：千葉県市川市鬼高1-1-3
T E L：047-379-2005
アクセス：JR総武線「下総中山駅」、「本八幡駅」徒歩15分、京成線「鬼越」徒歩13分
開館時間：午前9時から午後4時30分（入館は午後4時まで）
休 館 日：月曜日（祝日の場合はその翌日）、年末年始
入 館 料：一般300円、高校生・大学生150円、中学生以下、65歳以上および障害者手帳などをお持ちのかた、およびその付き添いのかた無料。
※企画展期間内は別料金
H　　P：http://www.chiba-muse.or.jp/SCIENCE/

実験シアターで体験できる-196℃の液体窒素を使った冷凍と超電導の実験

江戸東京たてもの園

所 在 地：東京都小金井市桜町3-7-1（都立小金井公園内）
T E L：042-388-3300（代表）
アクセス：JR中央線「武蔵小金井」、
西武新宿線「花小金井」バス「小金井公園西口」徒歩5分
開館時間：4〜9月 午前9時30分から午後5時30分
10〜3月 午前9時30分から午後4時30分
休 館 日：月曜日（祝日または振替休日の場合は翌日）、年末年始
入 館 料：一般400円、大学生320円、
65歳以上・高校生・中学生（都外）200円、
中学生（都内在学または在住）以下無料
H P：http://tatemonoen.jp/

Geo-Scopeで
たくさんの地図を見よう
地球を360°
見ることができる
Geo-Cosmos

その時代の雰囲気を感じられる建物が建ち並ぶ

1993年に開館した江戸東京たてもの園は、江戸時代から昭和初期までの29棟の文化的価値の高い歴史的建造物を移築・復元した野外博物館だ。園内に建ち並ぶ建造物に入って見て回れるのが特徴で、なかには総理大臣や大蔵大臣を歴任し、1936年の2・26事件で暗殺された高橋是清が最後を迎えた邸宅も。なかに入ってみれば、大きく日本の歴史が転換していくきっかけとなった事件を身近に感じられるかも。

日本科学未来館

「いとおか市」に行って未来を考える

今年夏に展示が開始された「2050年くらしのかたち」。多くの研究者にインタビューをし、2050年の日本の街を予想して作りあげられた模型を使って、未来の街「いとおか市」を体験しよう。この展示では、2050年の街「いとおか市」の市民になるための課題に挑戦することができる。まずは、模型の周りにある端末を使って、いとおか市民に話を聞こう。たくさんの人に話を聞いたら、「いとおか市」でよりよく暮らしていくためのアイディアを提案しよう。そうすることで「いとおか市」の住民になれる。きみがどんな提案をするかで、町の様子が変化するぞ。この体験を通して、地球で人間がずっと暮らしていくためにはどんなことが必要か、考えてみよう。

地球の始まりからの生物たちがみんなを待っている

国立科学博物館は創立が1877年で、なんと134年の歴史を誇る博物館だ。日本列島や日本人の成り立ち、日本人と自然とのかかわりの歴史を展示している日本館と、地球の多様な生きものがどう進化してきたかを展示している地球館には、おもしろい展示物がたくさん。日本館3階には、1968年、当時まだ高校生だった鈴木直（すずきただし）さんによって発見され、とても話題になったフタバスズキリュウの骨格標本が展示されている。多様な生きもののほかにも、科学技術に関する展示物などが合わせて1万4千点もあり、1日かかっても見きれないほどだ。ぜひ1度足を運んでみてほしい。

国立科学博物館

所 在 地：東京都台東区上野公園7-20
T E L：03-5777-8600（ハローダイヤル）
アクセス：JR線「上野」徒歩5分、地下鉄銀座線・日比谷線
「上野」徒歩10分、京成線「京成上野」徒歩10分
開館時間：午前9時から午後5時
休 館 日：休館日:月曜日（祝日の場合はその翌日）、年末年始
入 館 料：常設展示 一般・大学生600円、高校生以下、
65歳以上と障害者手帳をお持ちのかた、
およびその付き添いのかた無料
H P：http://www.kahaku.go.jp/

The University of Tokyo Vol.010

text by Tommy

東大への近道

1人で悩まず頼れる人に相談しよう

紅葉の秋も過ぎ去り、いよいよ冬本番を迎えつつありますが、体調管理は万全でしょうか。健康面での不安もさることながら、これからの季節は受験への不安やプレッシャーに苦しむ受験生が急増します。じつは私自身も、受験生だったこの時期にとても苦しんだので、今回は私の経験も交えて不安やプレッシャーとの付き合い方についてアドバイスできればと思います。

振り返ってみると、高校受験のときも大学受験のときも、合否にかかわらず周りの友人のほとんどがなにかしらの不安を持っていたように感じます。適度な危機感を持って努力できればいいのですが、不安からなにも手につかずに受験直前までムダに過ごしてしまうというのはもったいないですよね。

不安をやる気に変換する方法を考えるために、まずは不安の原因を分析しましょう。

受験前の不安の核は「志望校に受かるかわからない」ことだと思います。私も模擬試験の結果が悪かったり、問題が解けなかったりするなかで「このままでいいのか」「私はだめなのかもしれない」と次々に不安が生まれてきました。1度悩み始めると悪い方悪い方へと考えてしまいがちになり、そのストレスからおしゃべりや友達と遊んでしまうという負の連鎖におちいってしまったのです。

そんなときに恩師の先生に相談をしたところ、こんな言葉をいただきました。

「お前は将来のことを漠然と考えて悩んでいるが、将来どうなるかなんてだれにもわからない。いまの自分のなにが問題なのかをもっと具体的に分析してもう1度来なさい。」

私はその言葉通り、自分が志望校にどれくらい点数が足りなくて、そのためにはどの教科のどの分野を勉強しなくてはいけないのかをあげていきました。あげていくなかでいまの自分の勉強の問題点や、配分にズレがあることがわかりました。そこで改めて受験までの計画や日々の勉強法を作り直し、その計画を実行するなかで、再び先生にも相談してさまざまな修正を加えました。結果的に不安がなくなることはありませんでしたが、いまできることを全力でやろうと開き直ったことで悩む前よりも効率のいい勉強ができ、運よく目標校にも合格できました。

この経験から学んだことは、大きな不安でも小さな不安に因数分解すれば、いますべきことが見えてくるということです。悩んでいても答えは出ませんが、「数学のこの分野が弱い」と思えばその対策ができますし、やるべきことをやっていると自分でわかれば安心感が得られるのです。

1つ言えることは、不安にならない人間などいませんし、一生懸命考えるほど不安は感じやすいものなのです。不安に思うということは、いまの自分を改善してもっといい勉強ができるようになるチャンスでもあるのです。もし、いま現在は不安など感じていないという人も、ぜひこの考え方だけは覚えていてください。

不安に思うと視野が狭くなりがちです。私が恩師に相談したように、みなさんも身近な頼れる人に相談することをオススメします。きっと1人で考えるより問題解決のヒントが見つかると思います。

寒さが厳しくなってきますが、無理しすぎず、ベストを尽くしましょう。

▶▶▶ 小さな不安に因数分解

IKUBUNKAN YUME GAKUEN
グローバル力を育む。
理事長
渡邉美樹

SCHOOL EXPRESS

中央大学横浜山手高等学校

CHUO UNIVERSITY YOKOHAMA YAMATE SENIOR HIGH SCHOOL

SCHOOL EXPRESS 神奈川県 女子校 私立

実学の精神を受け継ぎつつ新たな100年がスタート

横浜の地で長く親しまれてきた伝統校が、その建学の精神を受け継ぎながら、中央大学の附属校として新しいスタートを切りました。いま、大きな期待が中央大学横浜山手高等学校に注がれています。

田中(たなか) 好一(こういち) 校長先生

長い女子教育の歴史持つ伝統校 2010年より中大の附属校に

1908年（明治41年）、「これからの時代は、女性も知識・技能を身につけ、自立して社会に出なければならない」と考えた渡邊たま女史らによって、日本初の女子の夜学校・横浜女子商業補習学校が横浜に設立されました。

その後、横浜女子商業学園中学校・高等学校、横浜山手女子中学校・高等学校と校名を変え、さらに2010年（平成22年）に中央大学と法人合併し、附属校となって中央大学横浜山手中学校・高等学校（以下、中大横浜山手高）が誕生しました。

このいきさつについて、田中好一校長先生は「本校は、大正・昭和と、地元横浜の財界を中心に多くの人材を送り出してきました。しかし、時代の変遷とともに商業科の学校として生き残っていくのは難しくなり、普通科を設けるなどいろいろと試みてきました。そのなかで、本校が掲げてきた実学の精神や地元貢献といったことが中大の理念と近く、さらに中大には神奈川に附属校がないことなどから、中大の附属校として、新たな出発をしようということになりました」と説明されます。

これに伴い、併設の中学校では来年度（平成24年度）から男子の募集が始まり、高校では2014年度（平成26年度）からの募集が予定されています（認可申請準備中）。今年から、生徒の意見も取り入れたブルーを基調としたシンプルでモダンなデザインの新制服が採用され、2013年（平成25年）には新校舎への移転も決定しています。いま、中大横浜山手高は大きく生まれ変わりつつあります。

中大横浜山手高の校訓は「謝恩礼節自立実践」です。「謝恩礼節」は横浜女子商業時代から使われていた言葉をもとに作られました。

「自立実践」は、学校が新しいスタートを切るにあたって作られた言葉です。中大横浜山手高の教員たちが1年以上かけて話しあいを続けるなかで、「実践を通して自立する人間を育てる」という目標を掲げ、いままでの伝統を引き継ぎながらも新しい学校を作っていこうという思いで掲げられました。

教育方針は「謙虚に学ぶ姿勢を持った人間を育てる」「人生を肯定的に生きるこころを育む」「知性と行動力を身につける」「努力と挑戦を続ける姿勢を大切にする」の4つで、とくに2つ目の「人生を肯定的に生きる心を育む」について田中校長先生は「これは物事に対して受身になるということではなく、周りの大人の生きかたを受け止め、自分はどうやって生きるべきか、なにが必要なのかを選びとるということです。自分は何者かということを理解せずに、社会に貢献したり、国際社会で生きていくことはできません。自分は自分なのですから、その『人生を肯定的に』捉えて成長していく気持ちを育てたいのです」と語られます。

附属校でありながら他大学進学を狙う

中大横浜山手高は、3学期制で、週6日制です。授業は1コマ45分で、月・火・木・金が7時限、水が6時限、土が4時限になっています。

高校1年次では、高入生と中学からあがってくる中入生とは別クラスとなります。

現在のところ、高入生は2クラス編成です。カリキュラムに関しては、1年次は共通履修で、2年次に文系・理系に、さらに3年次に国公立文・国公立理・私大文・私大理・私大文理の5つに分かれます。

「本校は中大の附属校ですが、国公

体育祭

中高合同で、大和スポーツセンターで行われています。高校は学年ごとに高1が緑、高2が青、高3がピンクで色分けされていて、生徒はその色のTシャツを着て参加します。競技以外にも、応援合戦やダンス部、バトン部の演舞が披露されます。

立大を中心に、他大学受験を念頭においたカリキュラムになっています。中大への推薦枠は卒業生の6割程度で、それ以外の4割の生徒が中大よりも難関の大学に進学できるようにという狙いです。最終的に中大に進学する生徒たちも、ここに入学したから安心ということではなく、高3の2学期まで他大学を受験する生徒と同じように学んでいきます。具体的には、2年次でセンター試験に届くようにし、3年次は各大学の個別入試に対応できる体制です。」（田中校長先生）

補習・講習も充実しており、補習は教科ごとに曜日を決めて早朝や放課後に行われています。高2になると、進度が早い生徒に向けた講座も用意されています。また、小テストなどで成績が優れなかった生徒を指名して行う補習もあり、さまざまな学力レベルの生徒に対応できる体制がとられています。

夏期講習は各学年で設定されており、夏休みの前半と後半に5日間ずつ実施されています。高3は、それ以外にも各種の講座が設けられています。

他大学との併願をなくし最後まで勉強に打ち込む

進路指導面では、附属校としての特色を活かした高大連携プログラムが実施されています。中大の先生による特別講義・出前授業や、大学の研究室を訪ねたりすることにより、学問とはなにかといったことを知る機会が得られます。こうしたプログラムは、「中大4校目の附属校としてさらに充実していく」（田中校長先生）予定です。

ほかには、高1～2年次に、先輩や教育実習生に大学生活について話してもらったり、相談会を開いたりということも今後考えられています。

中大への推薦入学については、「推薦基準として学校の成績に加えて全国模試の成績も使います。これが大きな要素になっています。自分が全国的なレベルでどの辺りに位置しているのかを知り、実力がきちんとついていることがわかるからです。現在、本校にはさまざまな学力レベルの生徒がいますが、こうした基準を設けることで中大への学力保証となります」（田中校長先生）。

また、ほかの3つの附属校（中大高、中大附属校、中大杉並高）と違う点として、中大横浜山手高では、中大推薦を留保したまま他大学を受験すること（併願）ができません。田中校長先生は「第1志望が他大学の生徒には、中大への推薦は考えさせません。併願できるようにすると、経験上、他大学受験はなかなかうま

文化祭

有志、クラス、クラブなどでさまざまな発表や模擬店、展示があります。2日間にわたって開催され、受験生やその保護者が多数来場します。

合唱コンクール

中高全学年がクラスごとに参加します。

くいかないからです。

さらに高3でまったりとたるんでしまうのを防ぎ、他大学受験組が主流となって、中大志望組もそのなかでもまれる雰囲気になってもらいたい」と考えています。したがって、他大学受験か、中大推薦かの決定は、高3初めのクラス分け時と、2学期の中大推薦決定時期ということになります。

新校舎のコンセプトはL-I-N-C
2012年度の入試で大幅変更

2013年に移転する新校舎は、横浜市都筑区にあります。最寄りの駅は、横浜市営地下鉄グリーンライン「センター北」駅です。

緑豊かな新校舎には「L-I-N-C」というコンセプトが込められています。LはLearning＝学ぶこと、IはInspiration＝ひらめき、NはNature＝自然、CはChuo＝中央です。

「自然のなかで、学びの場における生徒同士のこころのつながり、地域に生活する人と学校生活とのつながり、それらが中央で結びついていくというコンセプトになっています。」

（田中校長先生）

こうした動きに合わせて、2012年度の入試も大きく変わります。公立上位校をめざす生徒をターゲットにした5教科型と3教科型（A・B＝英語重視型）が、ともに2月11日に行われます。5教科型では、英・数・国の入試問題を、神奈川県内で独自問題を出題している県立高校のそれと類似した形で出題します。

最後に、中大横浜山手高にはどのような生徒さんを求めているのかをお聞きしました。

「附属校だから、入ってしまえばいいと思うのではなく、『学ぼう』という気持ちで来ていただきたいですね。もう1つは、本校は新しい学校になるのですから、学びあったり競いあったりしながら、いっしょになって学校を作っていくぞという意気込みを持ってもらいたい。そういうチャレンジ精神のある生徒を待っています。」

修学旅行

高2の秋に沖縄を3泊4日で訪れます。事前学習を進めて考えたプランを生徒が提示し、訪問先などを決めていきます。

クラブ活動

クラブ活動も盛んです。なかでもバスケットボール部が強く、中学部は今年の県大会で優勝しました。

バスケットボール部

バトン部

School Data

中央大学横浜山手高等学校

所在地
神奈川県横浜市中区山手町27

アクセス
JR根岸線「石川町」徒歩6分、みなとみらい線「元町・中華街」徒歩10分

生徒数
女子のみ543名

TEL
045-641-0061

URL
http://www.yokohama-js.chuo-u.ac.jp/

School Navi 123

西武台千葉高等学校

千葉　野田市　共学校

世の中に役立ち得る人間を育成する

さまざまな面での「シンカ」をめざす

千葉県野田市に、広々としたキャンパスを持つ西武台千葉。生徒たちは、季節の移り変わりを感じられる落ち着いた環境で、学校生活を送っています。

西武台千葉では、創立以来「若き日に豊かに知性を磨き 美しく心情を養い 逞しく身体を鍛えよ」という校訓を掲げています。この校訓は、生徒たちに対する思いであり、また、生徒たちを育てていく指針でもあります。知・心・体のバランスのとれた人間、社会で活躍できる人間の育成が大きな目標です。

2011年度からは、これまでの教科指導・進路指導などの取り組みをよりいっそう深化し進展させるべく、「西武台シンカ論」がスタートしました。生徒1人ひとりのニーズに応える「学び方の進化」、そして「指導の質の深化」をめざし、学校改革が進んでいます。

勉強・部活・行事 盛りだくさんの3年間

西武台千葉では、2つのコースを導入しています。

「特別選抜コース」は、国公立大や難関私立大をめざすコースです。高2から、国公立選択と私立選択に分かれます。国公立選択の授業は、センター試験に向けた幅広い学習と、2次試験に対応できる記述力を重視した内容になっており、私立選択では、受験科目にあたる3科目の単位数を大幅に増やしたカリキュラムが展開されます。

もう1つの「進学コース」は、おもに私立大を志望する生徒に向けたコースです。こちらは、高2から文系・理系・文理系の3つのコースに分かれます。文理系は、体育や芸術などの時間が多く設定されており、芸術系の大学や専門学校などの進路に合わせた時間割を作ることができます。

大学受験に向けてのフォローアップも万全の体制です。放課後の時間を利用した「進学研究会」は、難関大学進学を希望する生徒のために、普段の授業よりさらにレベルの高い内容の指導が行われています。また、年間を通じて、さまざまな模擬試験も実施しています。

西武台千葉の魅力は、勉強面だけにとどまりません。魅力の1つとしてまずあげられるのが学校行事です。とくに、秋に行われる輝陽祭は、スポーツ部門と文化部門ともに大いに盛りあがります。生徒たちが中心になって企画を考えることで、教室のなかだけでは味わえない貴重な体験をすることができます。

部活動が活発に行われているのも魅力です。バドミントン部やボクシング部をはじめ、インターハイに出場している部も多くあり、吹奏楽部など文化系の部も幅広く活動しています。

西武台千葉では、生徒たちが社会へ大きく羽ばたいていけるよう、充実した3年間が用意されています。

School Data

西武台千葉高等学校

所在地　千葉県野田市尾崎2241-2
生徒数　男子502名　女子418名
TEL　04-7127-1111
アクセス　東武野田線「川間」徒歩17分
URL　http://www.seibudai-chiba.jp/

School Navi 124

駒澤大学高等学校

（こま ざわ だい がく）

東京都　世田谷区　共学校

自己を磨き、人のために尽くす

豊かな人間力を備えた人材を育成

東急田園都市線「桜新町駅」、「用賀駅」より徒歩13分ほどのところに位置する駒澤大学高等学校（以下、駒大高）は、馬事公苑に隣接して、緑豊かな環境に恵まれています。

駒大高は、学制改革により廃止された駒澤大学予科の後を受けて、1948年（昭和23年）に新制高等学校としてスタートして以来、校訓「行学一如」のもと、60年の伝統を築いてきました。

「行学一如」とは日々の行いと学業を同じように大切にして生活するという意味です。

勉強やクラブ活動や行事に打ち込むことはもちろんですが、目に見えない人間性を磨いていくことも学力と同じように大切にしています。あいさつを交わすこと、思いやりの心を持つこと、お互いを認め合うこと、だれとでも真摯（しんし）に向き合うこと、このような心の教育に力を入れることで、「行学一如」の実現をめざしています。

具体的には、全学年で週1時間の「宗教の時間」や月に一度の法要、本山拝登、食事訓の唱和（昼食時）、座禅学習、親林教育による環境学習などのさまざまな学校行事を通じて心の教育を実践しています。

進路希望に応じた2コース制

駒大高は、駒澤大の付属校としての推薦・優先入学制度があります。毎年約70%の生徒がそのまま駒澤大に進学していますが、最近では他大学進学希望者も増えてきています。

1年次には基礎過程を全教科バランスよく学びますが、2年次になると駒澤大への推薦入学をめざす「進学コース」、国公立大学をはじめとして、早慶上智などの難関私立大学、G-MARCH合格をめざす「受験コース」に分かれます。

「進学コース」は、文系の大学である駒澤大の学習につなげるために文系科目に重点を置きながら、幅広い学力と人間性を育みます。大学付属の利点を活かして、大学から教授を招いて模擬授業を実施したり、学部決定後は進学する学部の教授による講義を先取りで行っています。

「受験コース」は文・理の2類型に分けたカリキュラムを組み、志望大学に現役合格できるように、手厚い受験指導を行っています。受験対策として長期休暇中の特別講習や勉強合宿、予備校講師によるガイダンスなどを行い、志望大学に合格できる力を徹底的に磨きあげます。

このように、駒大高では生徒1人ひとりの進路希望をかなえるためにきめ細かな指導を行い、全力でサポートしています。また、部活動が非常に盛んであり、生徒たちは自らの目標に向かって努力しつつも部活動と両立し、文武両道をめざして日々努力し続けています。

School Data

駒澤大学高等学校

所在地	東京都世田谷区上用賀1-17-12
生徒数	男子819人、女子707人
TEL	03-3700-6131
アクセス	東急田園都市線「桜新町」「用賀」徒歩13分、小田急線「千歳船橋」バス
URL	http://komakou.jp/

開智高等学校

Contemporary issuesとは?

この行事は、S類生一人ひとりが、自分の身近な「現代的課題」に注目し、そのテーマの背景に存在する多様な価値観（その課題が、今世界でどのように捉えられているのか）、すなわち「同時代的な世界観」に目を向けていくことを活動の中心とした、「現代検証に基づく未来志向型の、テーマ探究活動」です。

この学習では、「何があったか、今どうなっているか」という現実（=過去）認識に終始するのではなく、現代的課題の原因がどこにあるのか、それを解決していくためには何が必要なのか、などといった、当事者意識（=他人事としてではなく、自分の身に置き換えて実感していこうとする気持ち）に根ざした未来志向タイプの思考力や論理力、表現力、行動力を育成していくことを目的としています。

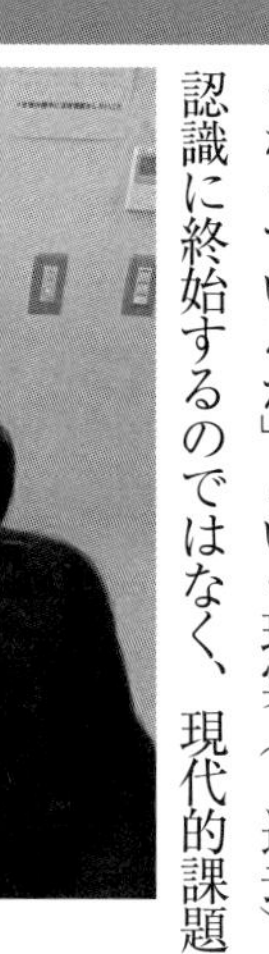

少人数

現代社会において、自らの個性を活かして活躍していける人間、すなわち「リーダー」には、《右脳と左脳のバランスがとれていること》、つまり、論理的な思考力と鋭い感性、そして卓越した行動力を持っていることが求められています。この要素を充足している人間は、別な観点から見れば《創造力と分析・統合力にすぐれている人間》ということもできるでしょう。

具体的に、要求される能力を列挙してみると、

・問題発見能力
・問題解決能力（仮説立論能力）
・論理的構成力
・情報処理（収集、分析）能力
・プレゼンテーション能力
・行動力
・言語力

といった能力になるでしょう。

これらの能力を、主体的に現代社会の中で発揮していけるような人間、アグレッシブに課題に取り組み、最後にはそれを克服していくことができる力強さを持った人間をこれからの社会は求めているのです。そして、そのような「現代社会の要請」に十分応えられる「人材」を、このContemporary issuesを通じて、S類では育成しています。

サポート

入試説明会・個別相談日程

入試説明会　予約不要　所要時間約７０分				個別相談　予約制
11月19日	土		１３時３０分～	１３時３０分～１６時００分
11月23日	祝	１０時００分～	１３時３０分～	１０時００分～１６時３０分
11月26日	土		１３時３０分～	１０時００分～１６時３０分
12月10日	土		１３時３０分～	１３時３０分～１６時００分
12月17日	土	１０時００分～	１３時３０分～	１０時００分～１６時３０分
12月23日	祝	１０時００分～		１０時００分～１６時００分

※説明会は初めて参加される方と、以前に参加されたことがある方と会場を分けて実施します。
※個別相談はすべて予約制です。詳細は開智学園高等部ＨＰをご参照ください。

行事の概略は次のようになっています。

エリアⅠ：問題（テーマ）発見・深化
↓
エリアⅡ：基礎調査（現状の認識）
↓
エリアⅢ：Contemporary issueの規定
1次レポート（夏期）
↓
エリアⅣ：課題の明確化／仮説の立案
中間報告（時鐘祭）
↓
エリアⅤ：基礎研究／仮説の深化
↓
エリアⅥ：合衆国研修の立案
2次レポート（2年生春期）
↓
エリアⅦ：合衆国研修
↓
エリアⅧ：総括研究
論文提出（2学期末）

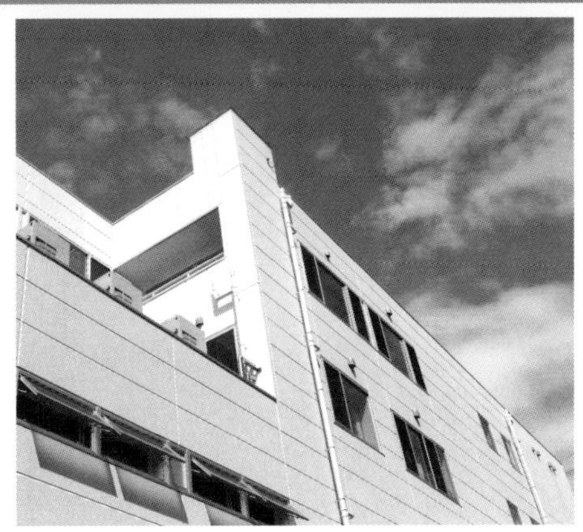
宿泊学習棟

新類型「D類」にも導入します

Contemporary issuesは、S類教育の大きな柱の一つですが、みなさんが入学する2012年度からは、「D類」にも導入します。

行事への取り組み方はS類のコンセプトをそのまま踏襲しつつも、「フィールド・ワーク」のエリアについてはD類らしさを発揮していく予定です。

D類では「生徒が自分の高校生活をデザインできる」ことが大きな特徴です。

したがってエリアについても複数の中から選択できるようにしたり、あるいは生徒たちの意見を取り入れながら新たに開拓していくことなども考えています。

KAICHI
開智高等学校
高等部（共学）

〒339-0004
さいたま市岩槻区徳力西186
TEL 048−793−1370
http://www.kaichigakuen.ed.jp/
東武野田線東岩槻駅（大宮より15分）徒歩15分

平成23年度　大学合格数

国公立大学	（　）は現役	
大学名	合格者	高等部
東京大学	17（15）	3（2）
北海道大学	7（7）	5（5）
東北大学	4（4）	2（2）
一橋大学	3（2）	1（1）
大阪大学	8（8）	6（6）
東京医科歯科大学	2（2）	1（1）
東京工業大学	9（8）	2（1）
お茶の水女子大学	5（5）	2（2）
筑波大学	9（8）	2（2）
埼玉大学	18（17）	14（13）
国公立大学合計	150（137）	80（75）

私立大学	（　）は現役	
大学名	合格者	高等部
早稲田大学	156（132）	46（35）
慶應義塾大学	58（48）	12（9）
上智大学	34（31）	13（11）
東京理科大学	131（113）	43（36）
明治大学	162（147）	67（59）
立教大学	76（67）	32（29）
法政大学	104（88）	73（63）
中央大学	86（72）	52（41）
青山学院大学	53（46）	31（28）
学習院大学	45（34）	26（19）
計	905（778）	395（330）

開智と開智未来は同日同一試験（同時出願可）を実施します。

本気で伸びたいと思っている人だけ来てほしい

開智未来高等学校

高校説明会：11/19・20・23、12/10・17・23・24

※9月以降の説明会実施日には個別相談会を同時開催します。
詳しくは下記URLにてホームページをご覧ください。

所　在　地　〒349-1212 加須市麦倉1238　http://www.kaichimirai.ed.jp/
ＴＥＬ0280-61-2031

埼玉県立 大宮高等学校

共学校

黒岩(くろいわ) 和秀(かずひで) 校長先生

自主自律の校訓のもと「チーム大宮」で夢を実現する

2010年度から男女共学制がスタートしました。「普通科」「理数科」が設置され、「普通科」は2年次でA・Bコース、3年次で文系・理系コースに分かれます。「チーム大宮」で勉強・学校行事・部活動に取り組み、すばらしい大学合格実績をあげています。

2010年度から男女共学制を導入

埼玉県立大宮高等学校(以下、大宮高)の沿革は、男子校と女子校2つの学校の歴史を合わせ持っています。

男子校は、1929年(昭和4年)に設立された大宮農園学校が始まりです。その後1949年(昭和24年)に埼玉県大宮第一高等学校となりました。女子校は、1927年(昭和2年)に設立認可された財団法人成均学園高等女学校が始まりで、1948年(昭和23年)に埼玉県大宮女子高等学校となりました。

1951年(昭和26年)に埼玉県大宮第一高等学校と埼玉県大宮女子高等学校が統合され、埼玉県に移管し、埼玉県立大宮高等学校になりました。統合後も共学ではなく、学校の同じ敷地内で、男子と女子が別々に学ぶ(男女別学制)体制がとられていました。同じように校章も男子と女子のものがあります。

昨年から男女共学制が導入され、男子と女子が同じ教室で学ぶ体制になりました。校訓には「自主自律」が掲げられています。

大宮高のキーワードは「チーム大宮」です。黒岩和秀校長先生は「これが本校のスローガンです。1人で

大高祭（体育祭）

6月の初めに行われ、赤、白、青、黄、緑の5団に分かれ学年を縦割りにして競いあいます。一番盛りあがるのが、代々受け継がれている応援合戦です。

はできないことでも、みんなで力を合わせればやり遂げられるということです。とくに本校では『大学受験も団体戦』と考え、『学び合い、励まし合い、支え合い』を大事にしています。生徒たちだけではなく、教職員、保護者、卒業生が一丸となり、団体戦で勉強や部活動や学校行事に向かうというのが特徴です」と説明されました。

65分授業・2学期制 「普通科」と「理数科」が設置

大宮高では2001年度（平成13年度）から65分授業、2003年度（平成15年度）から2学期制が導入されました。月曜日から金曜日までは5時限で、土曜日は隔週で午前中3時限の授業（年間15回）が行われています。そして大高には「普通科」と「理数科」が設置されています。

「普通科」は、難関大学現役合格をめざし、すべての進路に対応できるカリキュラムが組まれています。

1年次は共通履修で、2年次にAコースとBコースに分かれ、3年次で文系・理系に分かれます。「2年次のAコースは文系で、東大などの難関大学に向けて地歴科目から2科目選択できるようになっています。Bコースは文理系としています。そこから3年になって文系・理系に進路を決めるという形です」（黒岩校長先生）。1学年が8クラス、1クラス約40名（男女比約55対45）になっています。2年次では、Aコース2クラス、Bコース6クラス程度になり、3年次では文系・理系がおおむね半々になっています。

「理数科」は、理数系科目を重視した専門性の高い学習内容のカリキュラムが組まれています。医・歯・薬・理工系専門職への道が開かれます。1クラスのみで約40名、男女比は現在、約2対1になっています。

3年生は夏に勉強合宿 夏期講習も充実

大宮高には「授業が命」という合い言葉があります。生徒による授業アンケートが年2回、教員相互の授業見学が年間2カ月行われています。こうしたことから、質の高い授業が継続的に行われ、生徒の実力が高められていくのです。

1年生の英語や数学では、単元ごとにテストが行われています。テストに通らないと再テストがあり、その単元が理解できるまでテストが繰り返されます。

補習は、学校で組織的に行われています。職員室の前の掲示板に、早

大高祭
（文化祭）

9月に２日間行われ、約5000名ほどの来校者があります。３年生が中心になり、クラス展示やダンス、寸劇などの催しがあります。

朝や放課後行われる補習のスケジュールが張り出されます。「東大入試の数学」や「センター試験対策」など、きめ細かな内容になっています。

3年生の夏休みは、最初の1週間に勉強合宿が実施されています。志賀高原で5泊6日で行われ、1日10時間半の勉強合宿に240～250名が参加しています。夏期講習は、Ⅰ～Ⅳ期までのスケジュールが合宿から帰ってきて始まります。もちろん3年生と同じように1、2年生にも夏期講習が用意されています。

「本校には『いつでもどこでも教えます』という標語があり、生徒同士が教えあっています。職員室や研究室の廊下には、黒板と机、椅子が置かれていて、休み時間や昼休み、朝と放課後などに生徒が教師に質問して、学んでいます。教室や図書館は、夜7時まで自主学習の場として開放しています」（黒岩校長先生）

全校で取り組むＳＳＨ
国際交流はドイツへ

大宮高は、２００５年（平成17年）に文部科学省からＳＳＨ（スーパーサイエンスハイスクール）に指定（５年間）され、２０１０年（平成22年）には2年間継続されました。ＳＳＨは理数科だけでなく普通科にも還元され、全校で取り組んでいます。「ＳＳ保健体育」や「生活科学」「ＳＳ国際情報」という科目も設けられ、独自の研究が行われてきました。とくに大宮高では、ＳＳＨに英語教育を取り入れた展開をしています。

国際交流としては、ドイツのコトブス校と姉妹校の交流が行われており、隔年で生徒を互いに受け入れています。大宮高からは、8月に2週間15名の生徒がドイツに行きました。ホームステイをし、現地の生徒といっしょに授業を受けながらドイツの教育や社会制度を学び、広い国際的視野を身に付けるのです。長期プログラムでは、生徒1人が6カ月間ドイツで学んできます。

「本校は、２０１１年度から『グローカルハイスクールプロジェクト推進事業指定校』になりました。これは埼玉県の事業で、地球環境の視野と地域の視点を合わせ持ち、世界や日本で活躍できる人材の育成をめざそうというものです。シンク・グローバリーとアクト・ローカリー、つまり地球規模で考えて地域からの行動をという造語です。グローバルとローカルという発想です。この事業に指定され、本校にはＡＬＴ（アシスタント・ランゲージ・ティーチャー）としてネイティブの先生が２

国際交流

ドイツ・コトブス姉妹校との交流で、国際感覚を養います。隔年でお互いの生徒を受け入れ、短期派遣プログラムで2週間、長期プログラムで6カ月間（1名）ホームステイをし、英語はもちろん、ドイツの文化やマナー、コミュニケーションの取り方など、多くのことを学びます。

修学旅行

2年生が11月に沖縄へ行きます。戦争の歴史を学んだり、マリン体験をして楽しい思い出を作ります。

名おります」（黒岩校長先生）

2012年度入試は「普通科」9クラス募集

進路指導も3年間を通して計画的に行われています。1年生には、入学してすぐにオリエンテーションキャンプ（2泊3日）が実施されます。ここで、予習・復習、授業の受け方、自学自習する勉強の仕方が教えられ、仲間との親睦が図られます。

そこで行きたい大学を実現するため生徒には『学習の手引き』『難関大入試分析』『進路資料』の冊子が配られています。各学年で、進路説明会や担任面談、保護者面談が何回も行われます。1年生のときから全国模擬試験が多く実施され、学校の定期考査とともに個人成績のデータとして記録されていきます。

「本校の特徴は先生方がみんなで生徒をみるということです。『検討会』を各学年で行っており、生徒1人を担任だけではなく、各教科で授業に出ている先生全員が、成績や進路希望を照らしあわせて検討しています。進路指導部を中心にして、こうした情報交換を非常に重要視しています。」（黒岩校長先生）

大宮高には国公立大学を志望する生徒がほとんどです。すばらしい大学合格実績をあげているのは、「大学受験も団体戦」が具現化された実りだといえるでしょう。

大宮高にはどのような生徒さんに来てほしいかを黒岩校長先生にお聞きしました。「本校には、コミュニケーション能力と社会性や公共心を持ち、同時に高い志を持った生徒さんに来てほしいですね」と話されました。

平成23年度大学合格実績 （ ）内は既卒

大学名	合格者	大学名	合格者
国公立大学		その他国公立大	24(6)
東大	16(5)	国公立大合計	145(30)
京大	(2)	私立大学	
東工大	12(5)	早大	146(49)
一橋大	5(2)	慶應大	65(19)
北大	(1)	上智大	39(11)
東北大	3(0)	東京理大	138(45)
筑波大	19(1)	明大	155(29)
東京外大	4(0)	青山学院大	20(2)
東京農工大	6(0)	立教大	85(20)
首都大東京	5(0)	中大	75(15)
東京学芸大	7(0)	法政大	53(9)
千葉大	19(2)	国際基督教大	4(1)
埼玉大	16(4)	その他私立大	335(61)
横浜国立大	6(2)	私立大合計	1128(264)

School Data

埼玉県立大宮高等学校

所在地
埼玉県さいたま市大宮区天沼町2-323

アクセス
JR京浜東北線・高崎線・宇都宮線「さいたま新都心」徒歩10分

生徒数
男子612名、女子489名

TEL
048-641-0931

しんじだいの挑戦

平成24年度高等学校入試日程

一 般 入 試

日　時：平成24年2月11日（土）
募集定員：60名
選考方法：英語・数学・国語各100点、面接
合格発表：平成24年2月12日（日）

高 校 説 明 会 日 程

12月 3日（土）14:00～
※説明会の際にはJR豊田駅・多摩センター駅より
無料送迎バスを運行しております。

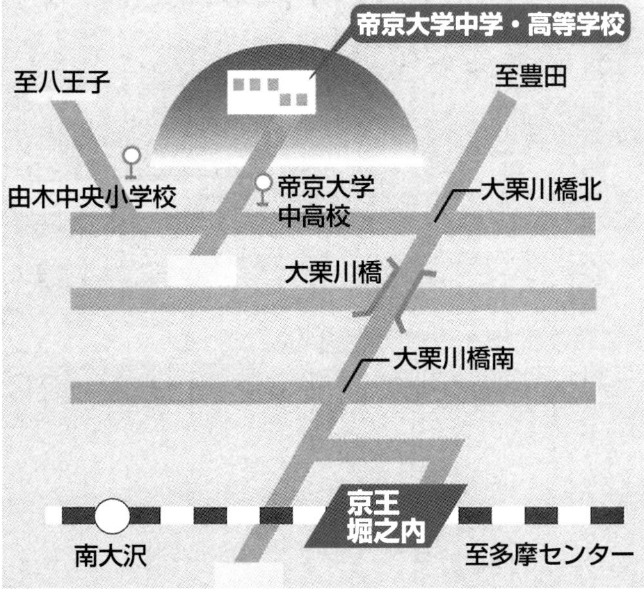

帝京大学高等学校
Teikyo University Senior High School

〒192-0361　東京都八王子市越野322
電話　042-676-9511
URL　http://www.teikyo-u.ed.jp/index.html

ミステリーハンターQの

歴男歴女養成講座

ミステリーハンターQ（略してMQ）……

米テキサス州出身。某有名エジプト学者の弟子。1980年代より気鋭の考古学者として注目されつつあるが本名はだれも知らない。日本の歴史について探る画期的な著書『歴史を掘る』の発刊準備を進めている。

……山本 勇

中学3年生。幼稚園のころにテレビの大河ドラマを見て、歴史にはまる。将来は大河ドラマに出たいと思っている。あこがれは織田信長。最近のマイブームは仏像鑑賞。好きな芸能人はみうらじゅん。

春日 静……

中学1年生。カバンのなかにはつねに、読みかけの歴史小説が入っている根っからの歴女。あこがれは坂本龍馬。特技は年号の暗記のための語呂合わせを作ること。好きな芸能人は福山雅治。

満州事変

1931年の満州事変は、日本軍と中国軍の武力衝突。それから太平洋戦争終結までの15年間、日中の戦いは続いた。

勇 今年は満州事変が起こってから80周年なんだね。

MQ 1931年9月18日に満州（現・中国東北部）に駐留していた日本の関東軍が、奉天（現・瀋陽）郊外の柳条湖で南満州鉄道を爆破、中国側の犯行だとして、中国の軍隊を攻撃して始まった戦争を満州事変というんだ。

静 日本がやったのに、中国の仕業にするなんて卑怯ね。

MQ そうだね。当時の日本はいまと比べられないぐらい不況だった。1923年の関東大震災の打撃で経済は混乱し、1929年に始まった世界恐慌の影響で、企業は倒産、失業者は街にあふれていた。農家も疲弊していた。しかし、政府は有効な対策をとることができなかったんだ。

勇 それが満州事変のきっかけ？

MQ 一方で、中国では満州にある日本の権益を取り戻そうとする動きがあった。権益をとられると、日本の経済はさらに悪化する可能性があり、関東軍は軍事力を使って動きを抑え、さらには満州を日本の傀儡国家にして経済不況から脱しようとする考えがあったんだ。

静 政府は陰謀を知っていたの？

MQ いや、知らなかった。最初は事変の不拡大方針を表明したんだけど、関東軍は無視して、事変を拡大した。政府はそれを追認していったんだ。

そして1932年3月には、清朝の最後の皇帝・溥儀を執政にして、満州国を建国してしまったんだ。

静 国際社会は黙っていたの？

MQ 国際連盟は満州にリットン調査団を送って、柳条湖事件を調べて、「満州国は認められない」という報告書をまとめた。このため、日本は怒って、1933年に国際連盟を脱退してしまう。世界から孤立してしまったわけだ。

勇 満州国の建国で、日本の経済は好転したの？

MQ 多くの人が移民として満州に渡って行ったけど、経済が好転するまでにはいたらなかった。

静 満州国はどうなったの？

MQ 満州国の主要官僚は日本人が占めた。1934年には帝政をしいて、溥儀は皇帝になったんだ。1937年には日華事変が起こり、日本は泥沼の戦争に入り込んだ。1945年の日本の敗戦によって、満州国は崩壊し、いまは中華人民共和国の東北部となっているんだ。

和田式 教育的指導

学校の勉強と受験勉強 両方を考えての学習

内申書の点数が重視されるのは、中学3年生の2学期までです。だからそれまでの中間テストや期末テストは気が抜けません。学校の勉強と受験勉強の両方を考えて学習していくように心がけなければなりません。

最近は公立高校の進学実績がよくなってきて、人気も出てきていますし、内申書の点数を稼いでおくことに越したことはありません。

3年の2学期の期末テストに関しては、これまで習った範囲のひと通りの復習テストだと考え、学校のテストを軽視しないことです。

学校のテストで高得点が取れると自信がつき、受験勉強にもいい影響が出ます。

主要教科については、学校のテストは「いい点数を取ってみせるぞ！」と思っておいた方がいいでしょう。

また、学校の勉強は受験勉強の復習に利用することもできます。この時期の学校の勉強のデキを確認することで、学校の勉強の最後の仕上げにするという考え方もできます。

内申書の点数をおろそかにしないためにも、最後の内申点稼ぎの時期だと思って、学校の勉強と受験勉強を併行して行うことが望まれます。

学校のテストでも 主要教科の点数は大事

受験教科ではない教科については、普段あまり勉強していない人もいるでしょう。そういう人は、学校の試験前には一夜漬けでも頑張らないといけません。試験である程度の点数を取らないと内申点に響いてしまいます。

主要教科の場合は、受験でも必要なのでつねに勉強している人も多いはずです。常時、学校の試験でも点数を意識しておくことです。

「ぼくは3教科入試の早大高等学院を受けるのだから」、「私は豊島岡女子学園や慶應女子を受けるのだから」といった人もいるでしょう。

そういう人は、3教科ばかり

中学3年生の2学期は、受験生として踏ん切りの時期だといえます。学校の勉強と受験勉強について考えていきましょう。

Hideki Wada

和田秀樹

1960年大阪府生まれ。東京大学医学部卒、東京大学医学部附属病院精神神経科助手、アメリカのカールメニンガー精神医学校国際フェローを経て、現在は川崎幸病院精神科顧問、国際医療福祉大学大学院教授、緑鐵受験指導ゼミナール代表を務める。心理学を児童教育、受験教育に活用し、独自の理論と実践で知られる。著書には『和田式　勉強のやる気をつくる本』『中学生の正しい勉強法』『難関校に合格する人の共通点』（新刊）など多数。初監督作品の映画「受験のシンデレラ」がモナコ国際映画祭グランプリ受賞。

受験勉強も大事だが 学校の勉強も大事だぞ！

重点的に勉強してしまう可能性があります。受験に必要のない教科に膨大な時間をかけるわけにはいきませんが、受験に必要のあるなしに関わらず、学校の勉強を復習する形で学習することをオススメします。

内申書には、意欲や態度などの部分も評価の対象になります。こうした評価をされるのも、3年の2学期が最後ですから、評価をできるだけあげておいた方がいいと思います。上手に学校を利用し、ある程度は学校のことを優先するのが賢明です。

極端にいえば、冬休み以降はもう完全に学校のことよりも受験勉強を優先すればいいわけです。

先生が内申書を書き終われば、そこからは自分の受験勉強になります。

公立・私立高校受験の臨戦態勢に入る準備

2学期の受験勉強スケジュールの立て方でいえば、学校の勉強以外の時間は、やはり受験勉強に、より多くの時間を当てないといけないわけです。

朝1時間でも勉強してから登校、放課後に自習室で勉強してから下校といったこともできるでしょう。そんななかで自分の弱点を見つけ、仕上げの冬期講習でどんな講座を取るかも考えます。

ここ数年で、公立高校の入試制度が学力重視傾向に変更されてきていますので、学力が伴わなければ、大学合格実績のある進学校には合格できにくくなっています。公立高校でも私立高校でも、入学したあとの目標は志望大学合格を勝ち取ることなのです。それを忘れてはいけません。たとえ中学受験で失敗した人も、大学合格でリベンジできるのですから、その意味でも、最終目標に有利な条件にある高校をめざさねばなりません。

受験生と中学3年生であることのバランスを考えながら、きちんと学校の勉強もやるのがこの時期です。

受験勉強に向けて、最も手を抜いてはいけないのが、中学3年生の2学期だという意識を持ってください。

Point 1 学校の勉強を怠ってはダメだ!!

この時期になってきて、もう受験勉強ばかりしている人はいないか？受験勉強ばかりしていては、学校の内申点が取れないで、公立受験に響く可能性があるぞ。

内申点が影響する3年の2学期までの定期テストは、受験勉強の復習やこれまでの総仕上げと思って学校の勉強も怠るな!!

Point 2 ある程度は学校のことを優先して評価をあげろ!!

学校の行事などの取り組みや、受験に必要のない教科でさえも、ある程度の点数を取って先生にいい印象を与え、いい評価をもらおう！

いまは学校のことをある程度優先して行い、冬休み以降になれば、自分自身の受験のことを一番に考えた勉強に切り替えよう。

Point 3 受験への臨戦態勢に突入！

さあ、いよいよ受験がせまってきた。これから学校の勉強をするにせよ、受験勉強をするにせよ、限られた時間でいかに効率よく勉強時間が取れるかが大事になってくるぞ！

受験への臨戦態勢に突入した2学期は、学校と受験のバランスを取る重要な時期とも言えるのだ！

問 5. 次の各文の内容が本文に照らして正しければ T, 誤りであれば F と答えなさい。ただし, すべてを T または F と答えてはならない。

(a) Ann was against advertising the speakers in the newspaper as she did not want strangers to come to their home.

(b) Ann was so scared that she told the police patrol about Jason before he turned up to get the speakers.

(c) Ann mistakenly thought that one of the four bills was a fake, but all of the four turned out to be real.

(d) Ann was afraid that Jason would come back to rob their house and called the police again and again.

(e) Ann was not living in the U.S. when the design of the hundred-dollar bill was changed two years earlier.

さあ、1つひとつチェックしよう。

(a) =アンは、見知らぬ人が自宅に来るのが嫌だから、スピーカーの新聞広告をだすことに反対した。

これは、(2) の文の内容と一致する。

(b) =アンは恐かったので、ジェイソンがスピーカーを受け取りに引き返して来る前に、ジェイソンのことを警官に話した。

これは、(12) (18) (22) の文と矛盾する。

(c) =アンは紙幣 4 枚のうちの 1 枚が偽札だと誤解したが、4 枚とも本物だとわかった。

これは、(22) (29) (31) (32) などの文の内容と一致する。

(d) =アンはジェイソンが彼らの家を奪いに戻って来るかもしれないと恐くなり、何度も何度も警察へ電話した。

これは、(24) (25) の文と矛盾する。

(e) = 2 年前に 100 ドル札のデザインが変わったとき、アンは米国に住んでいなかった。

これは、(32) (34) の文の内容と一致する。

正解 (a) = T (b) = F (c) = T (d) = F (e) = T

それにしても、この問題はモンダイだ。単語力も米国文化(米国人の日常生活)の知識もかなり必要な問題だよ。もう少し、問題文を選んでほしいとワガハイは思うね。

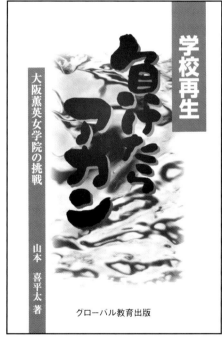

※このページは45ページから読んでください。

Her jaw dropped. は『彼女は口をぽかんと開けた。』という意味だ。

選択枝 1 ～ 5 の意味は、angry ＝怒って、disappointed ＝がっかりして、embarrassed ＝きまり悪くて・困って、shocked ＝ショックで・衝撃を受けて、shy ＝おずおずして・びくびくして、だね。

『口がぽかん』に最も近いのは shocked だ。では、アンはどうしてショックを受けたのだろう？

100 ドル札が変えられて、新しいお札になったことを知らなかったからだ。紙幣が変わったというのは、デザインが新しくなったということだね。

先を読み進めると、もっとわかるだろう。

(31) "What?" ＝何ですって。

(32) "About two years ago, the government changed the hundred-dollar bill."
＝「2 年ほど前に、政府が 100 ドル紙幣を変更したのです。」

余談だが、ワガハイも初めてアメリカに行った時、日本円を真新しい 100 ドル紙幣に両替して持っていったが、商店や飲食店で使おうとしたら、嫌がられたり、胡散（うさん）くさそうな目で見られたりした。「これは本物か」という疑いの態度を露骨に示された。

米国では、多額の現金を持ち歩くのは hold-up（ピストル強盗）に狙われて危険だ。

だから、たいていカードや小切手で支払うので、高額紙幣を買物で使うのは怪しい人だと疑われかねない、とは聞いてはいたが、身をもって知らされた。実際、100 ドル札は偽札が多く、噂では、今年中に 3D の技術を使った新しい 100 ドル札が発行されるそうだ。

アンは、100 ドル紙幣のデザインが変わったのを知らずにいて、新札を偽札と勘違いしたんだね。

正解　4. shocked

<u>Her face got hot and turned red</u>[D]. The change must have occured while they were living abroad. "Look," she said, "I'm a stay-at-home mom. When would I ever have my hand on a hundred-dollar bill?"

They called（　か　）the search for Jason at once, and Ann didn't bother to call her husband again.

(33) Her face got hot and turned red.
＝彼女（アン）の顔は熱くなり赤らんだ。

(34) The change must have occured while they were living abroad.
＝彼ら（ケンとアン）が外国で暮らしていた時に、お札が変更されたに違いない。

ここで問 4 の続きだ。

問 4. 下線部Dの文が表す感情として最も適切なものを次の中から選び，番号で答えなさい。
1. angry　2. disappointed　3. embarrassed
4. shocked　5. shy

偽札だと思いこんで、警官まで呼ぶという大騒ぎになったのに、実は本物だったというのだから、恥ずかしさのあまり、アンの顔も赤らんだのだよね。

3 も 5 も『恥ずかしい』と日本語訳できるが、5 は『内気で』、人と接するのが恥ずかしいといった場合に用いる。失敗して恥ずかしいというのだから、3 がいい。

正解　3. embarrassed

(35) "Look," she said, "I'm a stay-at-home mom.
＝「ねえ」と彼女は言った、「私は専業主婦なの。
When would I ever have my hand on a hundred-dollar bill?"
＝ 100 ドル札を手にしたのはいつだったかしら？」

アンは、自分がふだんから家にいる専業主婦であって、現金で高い買物など外でしたことがないことを、警官にわからせようとしたんだ。新しい 100 ドル札なんて見たことがないのだから、偽札だと思うのは当然でしょうと、警官に弁解しているんだね。

では、問 1 の残りの 1 問（　か　）を解こう。

(36) They called（　か　）the search for Jason at once,
＝彼ら（警官）はただちにジェイソンの捜索を call（　か　）し、
and Ann didn't bother to call her husband again.
＝アンはもう夫にうるさく電話をかけはしなかった。

残っている選択枝は 3. down と 5. off だけで、そのどちらかが正解だ。

call down は『叱る』とか『けなす』などという意味であり、Call off は『取り消す』とか『中止を指令する』などという意味だ。どちらも大学入試レベルの知識だ。難問だね。

ただし、off はもとも離れ・切断という意味をもつことを知っていると正解を選択できるだろう。

偽札だというのはアンの勘違いだとわかったのだから、犯人と思われたジェイソンの捜索は中止（＝切断）するのが当然だ。つまり、the search for Jason を off にしてしまうんだよ。

正解　5. off

というわけで、問題文は専業主婦アンの偽札騒動の話だった。残りの問いを片付けてしまおう。

とに』という意味だ。

アンは、ジェイソンから受け取ったお札を数えていて気がついた。4枚重ねられた100ドル札のいちばん下の1枚が偽札だったのだ。そのとき、アンはぞっとするような恐さを感じた。それがto her horror（=彼女がぞっとしたことには）と表現されている。

正解　6. to

She called the police and described the car and the criminal that had just left her house. They soon started searching the main roads leading out of their area.

Ann was really scared, and feared that the criminal would return to rob them any minute. She called her husband repeatedly. No reply. Twenty minutes later a police officer arrived at her door. Still frightened, she explained the whole story.

"This is a terrible fake!" she told the officer. "See (　お　) yourself.

(22) She called the police and described
=彼女（アン）は警察に電話して説明した
the car and the criminal that had just left her house.
=彼女（アン）の家から去ったばかりの車と犯人のことを。

(23) They soon started searching the main roads leading out of their area.
=彼ら（警官）はすぐに管轄地域の外へ続く幹線道路の捜索を開始した。

(24) Ann was really scared,
=アンはほんとうに脅えて
and feared that the criminal would return to rob them any minute.
=犯人がすぐにそれら（金）を奪いに戻って来そうで恐かった。

(25) She called her husband repeatedly.
=彼女（アン）は彼（ケン）に繰り返し電話した。

(26) No reply. =応答はなかった。

(27) Twenty minutes later a police officer arrived at her door.
= 20分後、警官が1人彼女（アン）の家に到着した。

(28) Still frightened, she explained the whole story.
=怯えたまま、彼女（アン）は出来事すべてを説明した。

(29) "This is a terrible fake!" she told the officer.
=「これはとんでもない偽札です！」彼女（アン）は警官に言った。

(30) "See (　お　) yourself.
=「ご自身（　お　）ごらんになって」

(　お　) を解こう。これはoneselfの知識が必要だよ。

oneself (= myself, yourself, himself, herself, itself, ourselves, yourselves, themselve など)の慣用句は次の4つを覚えていれば、大学入試でも役に立つぞ。

by oneself =ひとりで・独力で
for oneself =自分で・自ら・自分のために
of oneself =ひとりでに
to oneself =自分だけに

アンは、偽札を見つけて大騒ぎをしている。彼女にとっては大事件だった。それで、訪れた警官に「これは偽札です。自分の目で確認してください」と訴えているんだね。

正解　4. for

He looked at it carefully, and in a very serious voice said, "Ma'am, did you know they changed the hundred-dollar bill?"

[C] Her jaw dropped. "What?"

"About two years ago, the government changed the hundred-dollar bill."

(31) He looked at it carefully, =彼（警官）は札を注意深く見て、
and in a very serious voice said,
=とても真剣な声で言った、
"Ma'am, did you know they changed the hundred-dollar bill?"
=「奥さん、100ドル札が変わったのを知ってましたか」

(32) Her jaw dropped.
この文が問われている。

問4. 下線部Cの文が表す感情として最も適切なものを次の中から選び，番号で答えなさい。
1. angry　2. disappointed　3. embarrassed
4.shocked　5.shy

警官はアンに、「100ドル札がchangeされたのを、あなたはご存知か？」と聞いたんだね。このchanged =変えられた、の意味がわかる人には易しい問題なのだが、どうだろうか？

わからない人は、(30) Her jaw dropped.の意味を考えよう。HerはAnnのことだね。jawは『顎（あご）』だ。droppedはdropの過去形で『落ちた』。『彼女の顎が落ちた』って、どういうことだろう？

わからなければ、鏡に向かって自分の顎を動かしてごらん。もちろん、上顎（うわあご）は微動もしない。動くのは下顎だ。その下顎を「落とす」、つまり下へ動かす。どうなった？ 口がぽかんと開いただろう？　驚いたり、あきれたり、訳がわからなくなったりしたときに、口がぽかんと開くね。

※このページは45ページから読んでください。

このままでも十分に正解だが、もう少しこなれた日本語にしても、もちろんいい。

正解．ジェイソンが夜暗くなってから来るとわかっているから、いっそう不安になるわ

(12) I thought about telling our neighborhood police patrol
=近くを巡回中のパトカーに知らせようかしら
that this stranger was coming over,
=この見知らぬ人がやって来ることを、
but I told myself that I was just being too worried."
=でも心配しすぎだと自分に言い聞かせた。」

At 8:30, Jason appeared and handed her some bills and coins. "I'm two dollars short. Can I give it to you in quarters?"
(注) quarter：a coin worth 25cents
She held out her hand, not counting B the money in her other hand. She just moved the corners enough and saw that it looked like four hundred-dollar bills, two tens, a five, and some ones. Within minutes the speakers were loaded in his car and Jason drove away.

(13) At 8:30, Jason appeared and handed her some bills and coins.
= 8時30分、ジェイソンが現われて彼女(アン)に紙幣と硬貨を手渡した。
(14) "I'm two dollars short.
=「2ドル足りないのです。
(15) Can I give it to you in quarters?"
=その分を25セント貨でお渡ししてもかまいませんか」

ジェイソンは紙幣と硬貨で430ドルを持ってきた。最初に来た日に、手付金として20ドルをケンに渡しているから、残金の430ドルを支払わなければならない。

ジェイソンはお札428ドルと25セント硬貨8枚を持ってきたのだ（1ドル＝100セント）。ほんとうは、紙幣だけで430ドルを持ってくるべきだったが、2ドル不足ので、それをコインで払いたいというのだ。

(16) She held out her hand,
=彼女(アン)は片手を差し出した、
not counting B the money in her other hand.
=もう片方の手でお金を数えないで。

ここで、問3を片付けよう。

問3. 下線部Bの総額を算用数字で答えなさい。

いま説明したように、ジェイソンはまず紙幣で428ドルをアンに手渡した。それをアンは数えずに受け取ったのだった。

正解 428ドル

(17) She just moved the corners enough
=彼女(アン)は部屋の隅っこにまで移動して
and saw that it looked like four hundred-dollar bills, two tens, a five, and some ones.
= 100ドル札4枚、10ドル2枚、5ドル1枚と1ドルが何枚かのようにみえるそれを確かめた。
(18) Within minutes the speakers were loaded in his car and Jason drove away.
=すぐにスピーカーは彼(ジェイソン)の車に積み込まれて、ジェイソンは運び去った。

Ann counted the money more carefully and, (え) her horror, discovered that while the three bills on the top looked normal, the other hundred beneath them was strange. The face of Ben Franklin was huge, not centered on the bill. "It isn't even a good copy," she realized. "It's unmistakably a fake!"

(19) Ann counted the money more carefully
=アンはお金をいっそう念入りに数えて、
and, (え) her horror, discovered
= 恐ろしい (え)、見つけた
that while the three bills on the top looked normal,
= （4枚のうち）上の100ドル札3枚は普通のように思えた一方で、
the other hundred beneath them was strange.
=その下のもう1枚の100ドル札が変だというこに(気づいた)。
(20) The face of Ben Franklin was huge, not centered on the bill.
=ベン（ジャミン）・フランクリンの顔がでかくて、お札の真ん中になかった。
(21) "It isn't even a good copy," she realized.
=「まったくまともな印刷ではない」と彼女(アン)は悟った。
(22) "It's unmistakably a fake!"
=「間違いなく偽札だわ！」

さあ、(え) を解こう。これはかなり難しい。< to + one's + 感情名詞 >という慣用句を知っている人しか正解できないだろう。

例えば、to his happines は『彼が喜んだことには・彼にとって嬉しいことには』という意味だし、to our sorrow は『私たちが悲しんだことには・私たちにとって悲しいこ

とがすべて（＝他のことはしない）→処理するだけ』という訳だ。スピーカーを売るだけのことだから、心配なんかしなくていいよとアンに言っているんだ。

正解　7. with

The phone started ringing right（　い　）. A very polite young man named Jason showed up on their doorstep to look at the speakers. The two men agreed on $450 for the speakers, but Jason said that he would not have the full amount till payday on Friday. He paid twenty dollars and promised to pay the rest on Saturday, when he would come again to pick up the speakers.

(4) The phone started ringing right（　い　）.
　＝電話が right（　い　）鳴り始めた。

おや、すぐに問１の続きだ。これは <right away = at once, without delay ＝すぐに・さっさと> を知らないとどうにもならない。

正解　2. away

(5) A very polite young man named Jason
　＝ジェイソンと名乗るとても礼儀正しい青年が
　showed up on their doorstep to look at the speakers.
　＝スピーカーを見に彼ら（ケンとアン）の戸口に現れた。

(6) The two men agreed on $450 for the speakers,
　＝２人（ケンとジェイソン）は450ドルでスピーカー（の売買）に同意した
　but Jason said that he would not have the full amount
　＝が、全額は持っていないとジェイソンは言った
　till payday on Friday.
　＝給料日の金曜までは。

(7) He paid twenty dollars and promised to pay the rest on Saturday,
　＝彼（ジェイソン）は20ドルを支払って残りは土曜日に払うと約束した、
　when he would come again to pick up the speakers.
　＝その時またやって来てスピーカーを受け取ると。

広告を出すとすぐに反応があって、ジェイソンという青年が品物を見に来た（アメリカ人ならJasonという名を聞けば、「あ、恐い！」と思う人もいるだろう。『13日の金曜日』という大ヒットしたホラー映画の主役だからね）。

取引は450ドル（3万円ちょっと）で決まったが、支払いは給料日の金曜まで待ってくれと言って、手付金を20ドル（1500円くらい）置いていった（米国では、給料は週給の場合が多い。月曜から金曜まで働いて５日分の給料を金曜日にまとめてもらうんだ）。

On Wednesday, however, Jason called while Ken was（　う　）work. He explained that he had gotten the money early and wanted to pick up the speakers that evening. Ann wasn't sure what to do. "I did not want to do this, and [A] knowing he would arrive after dark made me more anxious. I thought about telling our neighborhood police patrol that this stranger was coming over, but I told myself that I was just being too worried."

(8) On Wednesday, however, Jason called while Ken was（　う　）work.
　＝しかしながら、水曜日にケンの仕事（　う　）にジェイソンが電話してきた。

(9) He explained that he had gotten the money early
　＝彼（ジェイソン）はお金が早く手に入ったと説明し
　and wanted to pick up the speakers that evening.
　＝その日の夕にスピーカーを受け取りたい（と説明した）

(10) Ann wasn't sure what to do.
　＝アンはどうしていいか自信がなかった。

（　う　）を解こう。ジェイソンから電話が来た。ケンでなく、アンが電話に出て、どうしていいかわからずに困ってしまった。なぜケンが出なかったのだろうか。それはケンが「（　う　）work」だったからだ。つまり、仕事に出かけていて、家にいなかったからだ。短く言えば「仕事中」だね。『仕事中』は at work だ。

正解　1. at

(11) "I did not want to do this,
　＝「私（アン）はそうしたいと思わなかったわ、
　and knowing he would arrive after dark made me more anxious.

ここで、問２を片付けよう。

問2. 下線部Aを和訳しなさい。

まず、Aを逐語分解すると、
knowing he would arrive after dark →主語
made → 動詞　me →目的語　more anxious →補語
knowing ＝わかっているということ　he ＝彼＝ジェイソン　would ＝だろう　arrive ＝到着する・来る　after ＝後に　dark ＝夜・夕暮れ　made ＝（～を～に）する　me ＝私を　more ＝いっそう　anxious ＝不安な

これをまとめると、「ジェイソンが夜になってからやって来るとわかっていることが私をいっそう不安にする」となる。

※このページは45ページから読んでください。

TASUKU MASAO

教育評論家 正尾 佐の

高校受験指南書

六拾壱の巻

今年出た難しい問題

だんだん、高校入試の試験日が近づいてきたね。この時期になると、もう志望校も確定しているだろうが、埼玉県の公立高校の入試制度がまた変わって、迷っている人もいそうだね。本当に受験生の都合を少しは考えてほしいよと文句の1つも言いたくなるだろう。

さて、今回からは最終シリーズ「今年出た難しい問題」だ。最初は英語で、開成高校の第1問を取り上げよう。

> 次の英文を読み，設問に答えなさい。
>
> Ann's husband Ken decided to sell his stereo speakers and put an advertisement in their local newspaper. Ann told him that she didn't like the idea because she had heard horror stories of strangers calling and coming to your home and doing harm your family. So Ken told her that he would deal（　あ　）it all and there would be nothing to worry about.

では、問題文を訳そう。

(1) Ann's husband Ken decided
　＝アンの夫ケンは決めた
　to sell his stereo speakers
　＝ステレオのスピーカーを売りに
　and put an advertisement in their local newspaper.
　＝地元の新聞に広告を出そうと。

「advertisement」は『広告』で、「put an advertisement in ～」は『～に広告を載せる』という意味だ。

(2) Ann told him that she didn't like the idea
　＝アンは彼(ケン)にその考えはいやだと言った
　because she had heard horror stories
　＝なぜかというと彼女は恐い話を耳にしていたからだ
　of strangers calling and coming to your home
　＝見知らぬ者が電話をかけてきて家を訪れ
　and doing harm your family.
　＝家の者を傷つける（という話を）

話の初めはこうだ。ケンは地元紙（東京新聞・神奈川新聞・埼玉新聞・千葉日報のような新聞。毎年これらには各都県の高校入試問題と解答が載るぞ）に「中古のスピーカーセットを売ります」という広告を出そうと思ったんだ。そうしたら、妻のアンが反対した。「そんなこと恐いわ。だって、知らない人から電話が来て『買いたいから品物を拝見したい』と言ってやってきたらじつは強盗だった、という話もあるじゃない」という訳だ。

(3) So Ken told her ＝そこでケンは彼女(アン)に言った
　that he would deal（　あ　）it all
　＝ぼくはただスピーカーを片付けるだけだ
　and there would be nothing to worry about.
　＝心配することはまったくないよ。

ここでさっそく問1だ。

> 問1. 空所（　あ　）～（　か　）に入る最も適切な語を次の中から選び，番号で答えなさい。ただし，同じ番号は一度しか使えないものとする。
>
> 1. at　2. away　3. down　4. for　5.off　6. to　7. with

that he would deal（　あ　）it all を説明しよう。この部分はKenが妻のアンに語った内容だから、heはKen、wouldは未来で、ケンが「dealする・dealするつもり」だってことだね。

動詞のdealは『配る』（トランプなどを配る人をdealerって言うよね）という意味だが、deal with ～は『～を処理する・～と取引する』だ。

ケンは自分のスピーカーをだれかに売って処分しようと思っている。買いたい人と取引し、スピーカーを処理するというのだ。

なお、allはここではonlyと似た意味で、『処理するこ

3人のきずなと果たされない約束

富士原が決めた進路

「私の話を聞いてもらってもいい?」

富士原は緊張気味に話し始めた。背筋をまっすぐ伸ばしている。ぼくはそんな富士原を見て、まっすぐな性格がそのまま出ているなあと思った。

「じつは私、もう高校受験をしないことになったの。」

「ええっ!? どうして!?」

「諒子! どういうことよ!?」

あんなに勉強ができて、受験に向けて頑張っていた富士原が、高校を受験しないなんて信じられなかった。ぼくと祥子は思わず大きな声を出してしまった。

「富士原、お前、高校を受験しないってことは、就職するってことか?」

「ううん。違う。就職はしない。」

富士原は姿勢を少しも崩さずに、首から上だけぼくの方を見て答えた。

「就職はしない、高校も受験しないとなると、専門学校とかに通うってこと?」

「ううん。専門学校にも行かないよ。」

またも姿勢を崩さずに、富士原は首から上だけ祥子の方へ向けて答えた。

「じゃあ、どうするんだよ? ニートにでもなるつもりか!?」

「ううん。ニートにもならない。」

「フリーターでもやるの?」

「ううん。フリーターにもならない。」

「もう! 諒子、ちゃんと話してよ! 全然わかんないよ!」

祥子がプリプリし始めた。

「ごめん。ちゃんと話すね。…じつはね、私、日本を出ることになったの。」

「…日本を…出る?」

ぼくと祥子はまるでお芝居のセリフみたいに、同時に同じ言葉を同じ音程で口にしてハモッてしまった。衝撃の告白に緊迫した雰囲気のなか、ハモッてしまったことは、緊迫感に風穴をあけるかのようにおもしろい現象であったのだが、ぼくも祥子も笑える余裕なんてなかった。

「そう。お父さんの仕事の都合でね。カナダに行くことになったの。」

富士原だけがくすくす笑いながら話した。

「少しの我慢」が守るもの

夕日がだいぶ傾いてきた。部屋の西側の窓から差し込んでくる赤い日の光もずいぶん弱くなり、夜の闇とあいまって紫色の光が部屋全体を染めているようだった。富士原が姿勢を崩さずに、電灯から吊り下がったビニール紐に手を伸ばして引っ張ると、チカチカと数回の点滅をしたあとに、蛍光灯が白い光をともした。

「だから、日本の高校には進学しないの。向こうの高校には進学するけど、始まるのが9月からだから、中学を卒業したら向こうに引越しして、半年くらい英語の学校に通うつもり。」

「いつ決まったんだ? そんな大事なこと。なんでもっと早く言わないんだよ!」

「そうだよ。諒子、もっと早く言ってくれればよかったのに! 受験勉強頑張ってたのは、『フリ』だったってことなの!?」

「ごめんね。そんなつもりはなかったの。きちんと決まったのがつい最近だったのよ。」

富士原の姿勢はなおも崩れない。ぼくはそんな富士原の姿に、彼女の意志の強さを感じた。

「お父さんもお母さんも、とても悩んだみたいなのね。『お母さんが日本に残って、私を日本の高校に進学できるようにしようか』なんて提案もしてくれていたんだけど。」

「じゃあ、日本に残ることもできたのか?」

「そういう選択肢も設けてくれたんだけどね。でも、やっぱり私のせいで家族がバラバラになるのはいやだったから。考えた末に出した結論は『みんなでカナダに行く』ってことなのよ。」

「お前、あんなに頑張ってたのに、それでいいのか?」

「…うん。もう、いいの。さっき、宇津城くんは『親のために自分を犠牲にしてる』って祥子に言っていたけれど、私は今回の件で、『親のために自分を犠牲にした』って感覚はまったくないの。家族が、家族であるためには個人個人の努力とちょっとの我慢が必要だと思うから。」

「俺が間違っているって言いたいの?」

「ううん。間違っているとは言ってない。ただね、親も人間だということをわかっ

宇津城センセの受験よもやま話

宇津城 靖人先生

早稲田アカデミー　特化ブロック副ブロック長 兼
ExiV西日暮里校校長

てあげた方がいいんじゃないかと思ったの。我慢しているのは私たち子供だけじゃない。親だって、きっと私たちのために我慢をしていることがたくさんあるんじゃないかしら。みんながそうやって家族のために、お互いに少しの我慢をすることで、家族って成り立つのだと思うのよ。

確かに、私は日本で高校に行きたいって気持ちがない訳じゃないわ。でもね、家族と離れて暮らすのはとてもいやだった。妹とお父さんが2人でカナダに行ってしまったら、やっぱり寂しいのよ。だから、今回私は少しの我慢をすることにしたの。妹だって、小学校の友だちと離れるのがいやだけど、少しの我慢をするはず。お母さんだって日本に友だちがたくさんいるのに、それを断ち切ってカナダに行く。お父さんもきっとそう。みんなが少しずつの我慢をするの。だから、決して私だけが『犠牲になる』わけじゃないのよ。」

富士原の言葉にはとても重みはあるが、決して押しつけがましくない。だからすっとぼくの心に入った。

「そっか。これで諒子も『国際人』ね！　あたしカナダに遊びに行くわ！　『白い恋人』持っていくから、本場のメイプルシロップをかけて食べよう！」

「じゃあ俺はなにを持っていけばいい？　『鳩サブレー』か？」

「たぶん向こうでは日本食に飢えるだろうから、醤油味のものとか、味噌とかお茶づけとかがいいな。」

「じゃあ、俺はカップめんを持ってくよ。」

「宇津城くん、あたしにもカップめん持ってきてよ！　北海道にさ。」

「北海道なら買えるだろうが！」

「わかってないなあ。あたしは東京のカップめんが食べたいのよ！」

「なにが違うんだ？」

「さあ。祥子の感覚は特殊だから私にはわからないわ。」

「あたしは特殊じゃない！　ひどいよ、諒子！」

ぼくたちはくだらない会話をして、お互いに笑いあった。

それぞれが、それぞれの道を歩んでいくことになったけれど、お互いの事情や立場を理解し、お互いの感情を共有できた気がする。それにしても彼女たちはなんと大きな試練を乗り越えていくのだろう。それに比べてぼくはなんと平凡な進路を、無計画に、意図もなく歩んでいくのだろうかと、自己嫌悪が強くなった。

「そろそろ、おいとましようか、祥子。」

「そうだね。すっかり暗くなっちゃった。」

窓から見えていた紫色の空はすっかりと色を変え、月明かりに照らされて藍色に染まっていた。ぼくと祥子が富士原の部屋を出て玄関に向かうと、富士原も玄関まで見送りに来てくれた。

「ウチに来てくれて、今日はありがとう。」

「こちらこそ、話を聞いてくれてありがとー。宇津城くんもね。」

「2人とも話してくれてうれしかったよ。俺も、ありがとな。」

なんだか気恥ずかしいけれど、3人のきずなのようなものを感じた瞬間だった。

「お邪魔しましたー！」

ぼくと祥子はシンクロしてあいさつすると、富士原宅を後にした。

ぼくと祥子は思い出の公園のそばを歩きながら、空に浮かぶ月を眺めた。月はいつもよりも白く、明るく輝いているように見えた。

「送別会みたいなやつをやろうか。」

歩きながらぼくは祥子に言った。

「うん！　せーだいにやろう！　3人で！」

「ああ、入試が終わったらな。」

「そーしよう！　そーしよう！　パーティーね、パーティー♪」

「どんなパーティーだよ。」

「えっと、『白い恋人』と『鳩サブレー』と『カップめん』を買って来て、予行演習しよう！」

「なんの『予行演習』だよ！　訳がわからん。」

「いいのー！　楽しいじゃん！　絶対だよ、絶対！」

「ああ、絶対な。」

「じゃあねー、宇津城くん！　入試頑張って！　パーティー、絶対だよ！」

「おう！　絶対な。」

ぼくと祥子は駅で別れた。このあと、「絶対」と約束したはずのパーティーは行われることはなかった。

東大入試突破への現国の習慣

田中 利周（としかね）先生

早稲田アカデミー教務企画顧問

東京大学文学部卒。東京大学大学院人文科学研究科修士課程修了。文教委員会委員。現国や日本史などの受験参考書の著作も多数。早稲田アカデミー「東大100名合格プロジェクト」メンバー。

慇・懃・無・礼?! 今月のオトナの四字熟語「岡目八目」

「碁を、わきで見ていると、対局者よりもずっと先の手まで見越して、利・不利が見抜ける」ということから生まれた四字熟語ですね。そこから「ものごとは当事者よりも第三者のほうが良い考えや良い判断ができる」というたとえになるわけです。さて、君たちにも経験があるのではないでしょうか? 勉強に取り組んでいる本人=自分自身が、自分のやっていることがなんだかよくわからなくなってしまう…どうしていいかわからなくなってしまう…いわゆるスランプに陥ってしまうという経験ですね、身に覚えはありませんか?

他人の勉強への取り組み方については、あれこれ意見は述べられるけれども、自分の成績は今ひとつ…「あんなやり方じゃダメだよ」「そんな風にやっても意味ないよ」と他人の批判はできるけれども、自分の方はといえば…思い通りに学習が進まない。

このように、自分のことはよく見えないけれども、相手のこと、特に欠点などはよく見える、ということがありますね。「岡目八目」についてのこうした状況を整理すると、次のようになるでしょう。

「自分のことを見る、考えることは、うまくいかない。」「他人のことを見る、考えることは、うまくいく。」

なぜこのようなことが起こるのか考えてみましょう。他人のことを見る、考えることがうまくいくのは、他人の状態を客観的に見ることができるからです。他人がうまくいこうがいくまいが、自分にとっては関係がありませんからね。利害関係がないとも言えるでしょう。ですからそこには、私心が入る隙間がありません。他人の状態は、極めて冷静に、状況分析ができるのです。

では、自分のことを見る、考えることがうまくいかないのはなぜでしょうか。先ほどとは反対で、自分の状態を客観的に見ることができないからです。自分のやることには、不安がつきまといます。「うまくいかなかったらどうしよう…」「失敗するんじゃないかな…」。心の中では常にさざ波が立ち、冷静にものを考えることができません。そんな心理状態では、正しく状況判断することは、そもそも無理というものです。

それでは自分の状態を客観的に見るにはどうすればいいのでしょうか。一番良い方法は、平凡ですが、基本をコツコツと繰り返して自信をつけることです。自信がある分野においては、自分の状況を冷静に見ることができるからです。

自分の得意科目ならば、他人が勉強している様子を見ても、「なるほど、あの人はああいうやり方でやっているのか。でも、私ならこうやるぞ、こう工夫した方が得点も上がるはずだ」と、考える余裕がありますよね。自信があり、知識の裏付けがあれば、他人のことも自分のことも、冷静に見ることができるのです。

この方法は確かにベストなのですが…そもそもスランプに陥っているときには、もがいたり、力んだりするものですよね。焦っている状況で、「ゆっくりと練習を積み重ねて、自信をつけましょう」なんてアドバイスされても、「それができないから焦ってるんじゃないか!」とかえって悩みは深まります。それではどうすればよいのでしょうか?

「頑張るだけがスランプ脱出の解決方法ではない」と開き直りましょう。「こうしなければ、ああしなければ」と焦るばかりでは解決しないと。多くの場合、未熟な上にこだわりすぎる自分がいて、状況をありのままに受け入れられなくなっていることにスランプの原因があります。先ずは自分自身をよく見つめることです。

その上で、より簡単に成果の出る方法をお伝えしたいと思います。それは、判

国語
Japanese

スランプをおそれず、むしろチャンスに自分自身を見つめるきっかけにしよう!

田中コモンの今月の一言!!

断が必要とされる場面で、「あの人だったらどうするか」と考えてみることです。

「あの人」とは、あなたが尊敬し信頼を寄せている人です。誰でも構いませんよ。塾の先生でも、部活の先輩でも、一目を置いている同級生でも、なんでしたら歴史上の人物でも構いませんし、憧れの職業に就いている「その道の権威」でもオッケーです。冷静な判断が必要な場面で、不安や迷いを持った自分を消すために、「あの人だったらどうするか」と、自分と置き換えて考えてみましょう。

そうすることで、より客観的な判断がしやすくなるのです。テストの際に判断に迷ったら、速やかに「塾の先生」を召喚してみましょう(笑)。まるで、先生が本当に判断しているように感じられたらしめたものです。だまされたと思ってやってみてくださいね。テストの結果に驚いたり、自信を持つことができるようになること請け合いです。

「あの人」を持ち出すことによって、本来は自分自身が持っている知識や能力が、こころの奥底から引き出されてくるという仕組みですから。でも、本当に「あの人」からインスピレーションが届いたと考えたりすると、楽しいかもしれませんね。

私も受験生によく言っておりましたよ。「入試問題を試験開始と同時に入手して解答するからな。テレパシーで答えを送るから受け取れ!」なんてね。

グレーゾーンに照準!今月のオトナの言い回し「隔世の感」

「世の中の変化が激しく、わずかな期間に時代がすっかり変わってしまったなという実感」を意味する慣用表現になります。「隔世の感がある」や「隔世の感を禁じえない」などという言い回しで使われることが多いですね。「隔世」とは「時代を隔てること。時代が違うこと」を意味し、「感」とはこの場合、「感慨」＝「身にしみて感ずること」という意味で使われています。

そもそも一昔前の「時代」を経験したことのある人物にしか、使うことのできない言い回しですよね。きわめてオトナ度の高い表現だともいえますが、さてここで皆さんに考えてもらいたいのが、「時代を隔てる」って、どれくらいの年月をさすのでしょうか? という問題です。

「十年をひと昔というならば、この物語の発端は今からふた昔半もまえのことになる。」という書き出しで始まる物語はご存知でしょうか? そう、壷井栄さんの『二十四の瞳』です。ここで指摘されているのは「十年一昔」という考えですね。十年という年月を区切りとして、それ以前は昔のように思われるということです。

また、「隔世」の意味を「世代を隔てること」と考えた場合には、「一昔」ではなく「一世代」前だということになってしまいますよね。それでは、一世代とは何年くらいを指すのでしょうか? 英語を学習している皆さんには「ジェネレーション」という言葉を使った方が理解しやすいかも知れませんね。親の跡を継いで子に譲るまでのほぼ三十年が一世代です。ですから、「まるで三十年の年月が過ぎたかのようだ」というのが、「隔世の感」の意味になってしまいますので、ここはやはり「世代」ではなく「時代」と考えておいたほうがよいでしょう。

具体的な用例をみてみましょう。「なでしこジャパン」の活躍に対して、往年の選手からのコメントです。「世界の場に憧れていた、あるいはその舞台に立つことが第一目標だった自分たちの時代からすれば、世界での優勝を目指すという今の選手たちのメンタリティに、隔世の感を覚えます」。この選手は「技術的なことよりも、この意識の差が大きいと思います」とも述べています。さあ、君たちも、なでしこジャパンの活躍に続きましょう! 意識は常に高く! ですね。

楽しみmath
数学!DX
登木 隆司先生
早稲田アカデミー
城北ブロック　ブロック長
兼 池袋校校長

弧BDに対する円周角だから、
∠GHB＝∠GFD
対頂角は等しいから、
∠BGH＝∠DGF
2組の角がそれぞれ等しいから、
△GHB∽△GFD

(2)　六角形ABCDEFは、半径6cmの円に内接しているので、1辺の長さは6cm。よって、BC＝6cm。
△BCGは30°、60°の三角定規の形だから、

$BG=BC\times\frac{1}{\sqrt{3}}=2\sqrt{3}$

$CG=BC\times\frac{2}{\sqrt{3}}=4\sqrt{3}$。

よって、△GCDにおいて三平方の定理より、

$DG=\sqrt{(4\sqrt{3})^2+6^2}=2\sqrt{21}$

また、$DF=AC=AG+CG=6\sqrt{3}$
△GHB∽△GFDより、BG：DG＝BH：DF
これらより、$2\sqrt{3}:2\sqrt{21}=BH:6\sqrt{3}$
よって、$2\sqrt{21}BH=36$
したがって、$BH=\frac{6\sqrt{21}}{7}$

次も、相似の比例式や三平方の定理を活用して、辺や線分の長さを求める問題です。

問題3

右の図のように、線分ABを直径とする円O上に点Cをとり、線分ACの中点Mをとる。直線BMと円Oとの交点を点D、点Cから線分BDに下ろした垂線の延長と円Oとの交点を点Eとする。

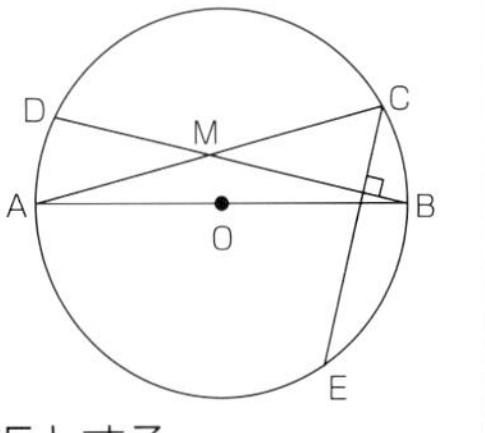

BM＝4、DM＝3とするとき、次の問いに答えよ。

（日本女子大附属）

(1)　線分AMの長さを求めよ。
(2)　直径ABの長さを求めよ。
(3)　線分BEの長さを求めよ。

<解き方>

(1)　∠ADM＝∠BCM＝90°、∠AMD＝∠BMCより、
△AMD∽△BMC
よって、AM：BM＝DM：CM。また、AM＝CMより、
AM：4＝3：AM
$AM^2=12$
AM＞0より、$AM=2\sqrt{3}$

(2)　(1)より$CM=2\sqrt{3}$、また、BM＝4だから、△MBCは$1:\sqrt{3}:2$の三角定規の形である。よって、BC＝2
$AC=4\sqrt{3}$だから、△ABCにおいて三平方の定理より、

$AB=\sqrt{(4\sqrt{3})^2+2^2}=2\sqrt{13}$

(3)　△MBCは$1:\sqrt{3}:2$の三角定規の形だから、∠MBC＝60°線分DBと線分CEとの交点をFとすると、
∠MCB＝∠MFC＝90°、∠BMC＝∠CMFより、
△MCB∽△MFC
よって、∠MBC＝∠MCF
弧AEに対する円周角だから、∠MCF＝∠ABE
よって、△OEBは∠OBE＝60°の二等辺三角形だから正三角形である。

したがって、$BE=OB=\frac{1}{2}AB=\sqrt{13}$

円の問題は、どこに着眼して問題を解き始めるかが見えにくいことが特徴です。また、問題1のように、なにもないところに適切な図(おもに直角三角形)をかき加え、図形の定理を活用する問題も少なくありません。これを克服するには、基本(円周角の定理など、数はそう多くありません)をしっかり確認したうえで、より多くの問題にあたって経験を積んでいくことが大切です。似たパターンの問題が多いことに気がつくようになるころには、自然と解き方のコツが身についているはずです。

数学 Mathematics

円の性質を利用して正解を導こう！

今月は、円と三平方の定理、円と相似の応用を学習していきます。初めに、円の接線に関する性質を利用して、三平方の定理を活用する問題です。

問題1

線分ABを直径とする円Oと、A、B、Pで接し、AD＝5、BC＝3の四角形ABCDがある。次の各問いに答えなさい。（専修大附属）

(1)　円Oの半径rを求めなさい。

(2)　△APBの面積Sを求めなさい。

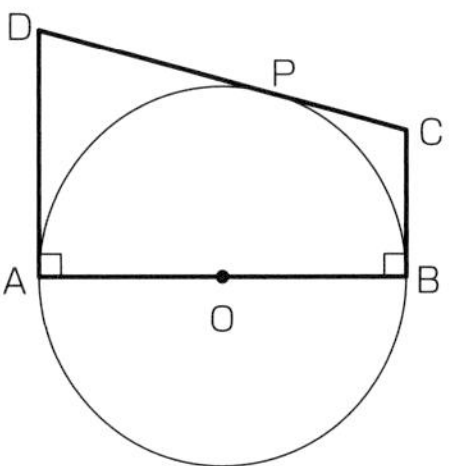

＜解き方＞

(1)　円外の1点からその円に引いた2本の接線の長さは等しいので、AD＝PD、BC＝PC。よって、DC＝5＋3＝8

右の図のように、Dを通りABと平行な直線とBCの延長との交点をHとすると、AB＝DH、また、CH＝5−3＝2

よって、$AB=DH=\sqrt{8^2-2^2}=2\sqrt{15}$

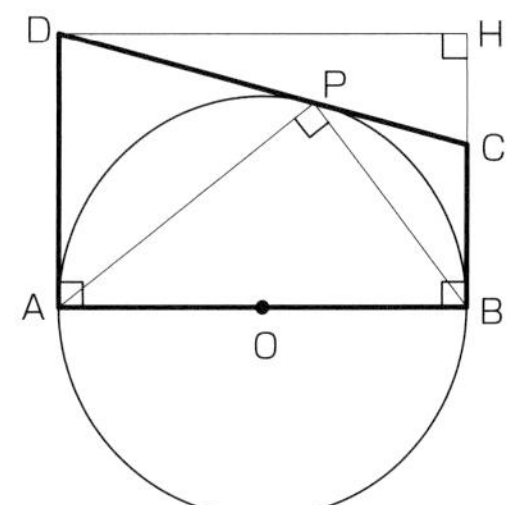

ゆえに、$r=\frac{1}{2}AB=\sqrt{15}$

(2)　台形ABCDの面積をTとすると、

$\triangle APD=\frac{5}{8}\triangle ACD=\frac{5}{8}\times\frac{5}{8}T=\frac{25}{64}T$

$\triangle BPC=\frac{3}{8}\triangle BDC=\frac{3}{8}\times\frac{3}{8}T=\frac{9}{64}T$

よって、$S=T-\frac{25}{64}T-\frac{9}{64}T=\frac{30}{64}T=\frac{15}{32}T$

ここで、$T=\frac{1}{2}\times(5+3)\times2\sqrt{15}=8\sqrt{15}$だから、

$S=\frac{15}{32}\times8\sqrt{15}=\frac{15\sqrt{15}}{4}$

＜別解＞　以下のようにして、△APBの高さを求めることもできます。

Pを通ってABに垂直な直線を引き、ABとの交点をI、DHとの交点をJとすると、

$\triangle DPJ\backsim\triangle DCH$より$PJ=\frac{5}{8}CH=\frac{5}{8}\times2=\frac{5}{4}$

これより、$PI=5-\frac{5}{4}=\frac{15}{4}$

続いて、円と相似に関する問題です。ここでは、円周角の定理を用いて、対応する角が同じ弧に対する円周角になっているかどうかを見きわめることが大切です。

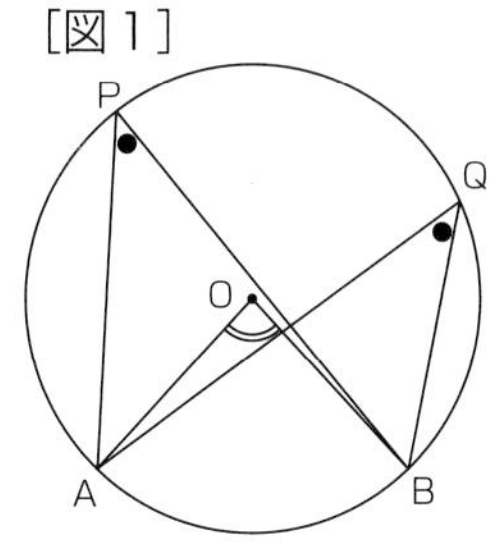

ここで、円周角の定理とは、「1つの弧に対する円周角の大きさは一定であり、その弧に対する中心角の半分である」というもので、**［図1］**において、

$\angle APB=\angle AQB=\frac{1}{2}\angle AOB$

が成り立つことをいいます。

また逆に、∠APB＝∠AQBが成り立つとき、4点A、B、P、Qは同一円周上にあるといえます（円周角の定理の逆）。

問題2

右の図で、六角形ABCDEFの6つの頂点はすべて半径6cmの円Oの周上にあり、六角形ABCDEFの辺の長さはすべて等しい。点Gは線分ACと線分BFとの交点、点Hは直線DGと円Oとの交点のうち、頂点D以外の点である。（都立・新宿）

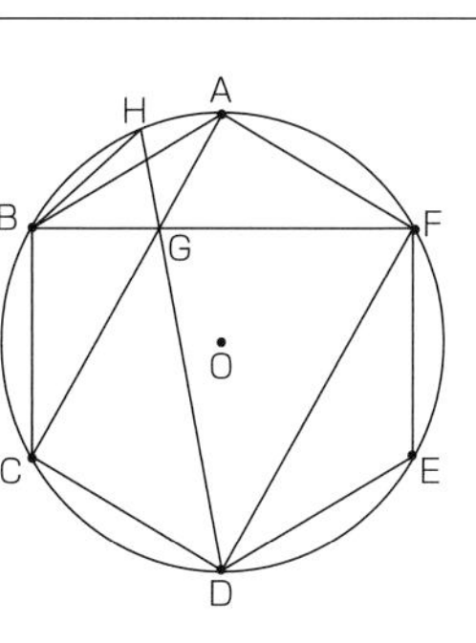

(1)　△GHB∽△GFDであることを証明せよ。

(2)　線分BHの長さは何cmか。

＜解き方＞

(1)〔証明〕

△GHBと△GFDにおいて、

川村 宏一 先生
早稲田アカデミー
教務部中学課 上席専門職

サクセス出版 英語ことわざ辞典

The early bird catches the worms.

今回紹介するのは、夜型の生活をしている受験生にはちょっと耳の痛いことわざだ。

この英文を見てみると「S+V+O」と単純な第3文型でできている。

難しくないので「訳してしまおう！」と思った人も、文のはじめに出てくる 'early bird' で、「アレッ」と思ったのでは…。直訳すると「早い鳥」という日本語になり、これではよくわからないから困ってしまうよね。

では、少し想像力を働かせてみよう。みんなも知っている英単語 'early' は「早く」「早い」と訳されるけど、定刻や予定より前の物事を示すときに使うんだ。だから 'early bird' とは、「早めの鳥＝早起きの鳥」というわけだ。

さて、最後に出てくる単語 'worm' は「虫」だけど、虫のなかでも、脚のない細長く柔らかい虫、たとえばミミズやヒルなんかのちょっとキモイ虫たちを表す。

さて、その他の虫は英語でなんと言うかな。広義で「昆虫」を指すときは 'insect' と言い、セミやカメムシ、また、刺す虫を 'bug' と言ったりする。

話を元に戻して、この英語のことわざを訳してみよう。

'The early bird' 早起きの鳥は 'catches the worms.' 虫をつかまえる

直訳すると「早起きする鳥は虫を捕らえる」となるね。なにが言いたいかというと、「早起きは三文の徳」であるということだ。「三文」は、じつはわずかな金額なのだが、少しでもいいことがある、という意味で、ことわざとしては早起きを勧めているわけだ。

この「徳」を「得」と表記する場合があるが、どちらも誤りではない。ただ、「徳」と書いた方が「善」の意味も含むニュアンスのことわざになり、より「早起き」がおトクな気分になれるかもしれない。

静かな夜更けに勉強がはかどる人もいるかもしれないが、朝、スッキリ目覚めた頭で勉強するのも効率アップにつながるぞ！

something extra

「早起きの人」そのものを、ユーモラスな表現で 'early bird' と言うときもある。
普段は、「早起きをする」を 'get up early' や 'wake up early' と言う。'get up' が起床の意味を持つのに対し、'wake up' は目を覚ますというニュアンスだ。使い分けられたら英語通。

柔道から生まれた言葉

前回の剣道に続いて、今回は柔道から生まれた言葉だ。

まずは技の言葉から。「足技」は足を掛けて相手を倒す技のことだが、柔道以外でも正攻法以外で相手を倒すテクニックなどを指す。

「寝技」は「立ち技」に対する言葉で、寝て仕掛ける技のことだが、「寝技師」というと、正攻法でなく、手練手管を使って相手を責める裏面工作にたけた人を指す。「あの政治家は寝技師だ」なんて使い方をする。

「決め技」は勝負を決める技のことだが、相手をねじ伏せる最終的な技のことで、柔道以外でも、「A君がB子さんを射止めた決め技は、プレゼント攻勢だった」なんて使う。

「合わせ技」は2つ以上の技を組み合わせて相手を倒すことで、「あの会社は低価格と宣伝効果の合わせ技で、売りあげを伸ばした」などということもできるんだ。

「技あり」というのもある。柔道では「一本」まではならないが、かなり有効な技が出たときに使われる。柔道以外では、相手を完全に倒すことはできなかったが、それに近いダメージを与えたようなときに使われる。例えば、「C君とD君の議論は、C君が論理的に優れていた。技ありだ」などという。

いま出た「一本」だが、技が決まると一本勝ちとなる。柔道以外では「彼のあのひと言で、相手はなにも言えなくなった。一本勝ちだね」といった使い方も可能だ。

「受け身」は柔道で投げられるときにケガをしないために必要な技術で、一般的には積極性がない場合に使われ、「受け身ばかりじゃなくて、もっと積極的に販売に打ち込め」なんてふうに使われることもあるよ。

柔道で相手を投げるときに、自分を支える足を「軸足」という。思想や信条、自分の考えがしっかりしている人を、「彼は軸足が定まっている」とか「軸足がしっかりしないと、相手から信用されない」といったふうに言ったりする。

最後は「捨て身」。自分の身体を相手に預けて、相手の力を利用して技をかけることなんだが、「先方に捨て身で当たって、勝機をつかめ」というように、相手に身をゆだねながら、自分の主張を通すような場合に使われるね。

みんなの数学広場

問題編

中1～中3までの各問題に生徒たちが答えています。
どの生徒が正しい答えを言っているか当ててみよう。
もちろん、当てずっぽうじゃなく、実際に問題を解いてみてね。

TEXT BY かずはじめ
数学を子どもたちに、楽しく、わかりやすく、使ってもらえるように日夜研究している。好きな言葉は、"笑う門には福来たる"。

●答えは56ページ

中3

$\dfrac{1}{x}+\dfrac{1}{y}=\dfrac{1}{2}$ となる整数(x, y)は全部で□組ある。

答え A→3組

xとyは整数だから～。

答え B→5組

両端にある数をかけるんだね。

答え C→6組

負の数も数えなきゃ…。

中2

ある三角形の2辺の長さは7㎝と5㎝です。
１つの角度が60度だそうです。
この三角形は何種類ありますか？

答え A→ 1種類

これだけ条件が厳しいとね。

答え B→ 2種類

書いてみればわかるじゃん。

答え C→ 3種類

よく考えたらわかるじゃん。

中1

「３と５」や「５と７」は差が２の素数です。
これを「双子素数」と言います。
では、「３と７」や「７と11」のように差が４の素数を
なんと言うでしょうか。

答え A→ 四つ子素数

差が2で双子ならね!

答え B→ いとこ素数

親戚って感じでしょ。

答え C→ 双子兄弟素数

双子のお兄さんだよね。

みんなの数学広場

解答編

中3

正解は 答え **B**

$\frac{1}{x}+\frac{1}{y}=\frac{1}{2}$ の両辺を$2xy$倍すると

$xy-2x-2y=0$

$(x-2)(y-2)=4$

$(x-2)$と$(y-2)$をかけて
4になる組み合わせを探します。

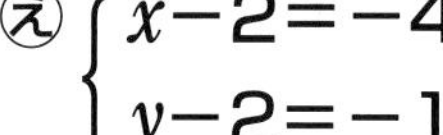

あ $\begin{cases} x-2=4 \\ y-2=1 \end{cases}$　い $\begin{cases} x-2=2 \\ y-2=2 \end{cases}$　う $\begin{cases} x-2=1 \\ y-2=4 \end{cases}$

え $\begin{cases} x-2=-4 \\ y-2=-1 \end{cases}$　お $\begin{cases} x-2=-2 \\ y-2=-2 \end{cases}$　か $\begin{cases} x-2=-1 \\ y-2=-4 \end{cases}$

これらを解くと
お$(x,\ y)=(0, 0)$
分数の分母は0になってはいけませんから
あいうえかの5組！

答え **A** を選んだキミ

$x,\ y$ともに正の整数だけを探したのかな。

答え **C** を選んだキミ

$(x,\ y)=(0, 0)$も数えちゃった？

中2

正解は　答え B

実際に書いてみましょう。

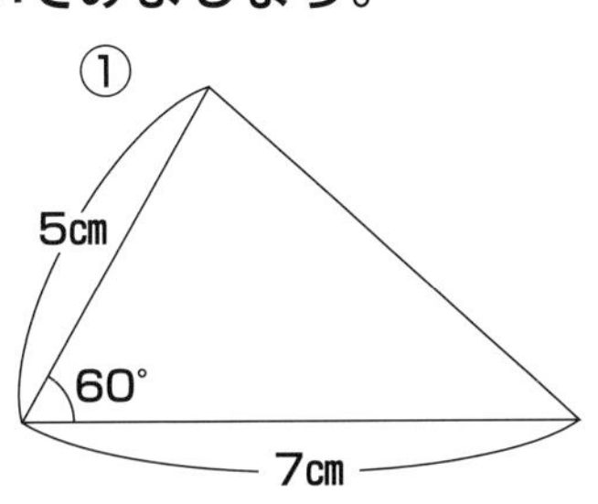

と

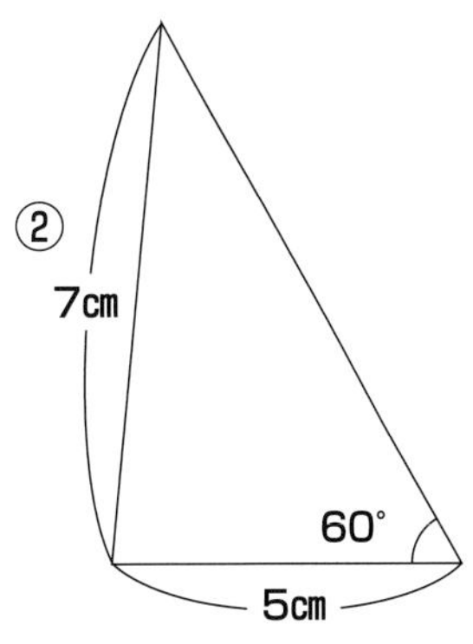

答え A を選んだキミ

「2辺と挟む角」を
誤解した?

答え C を選んだキミ

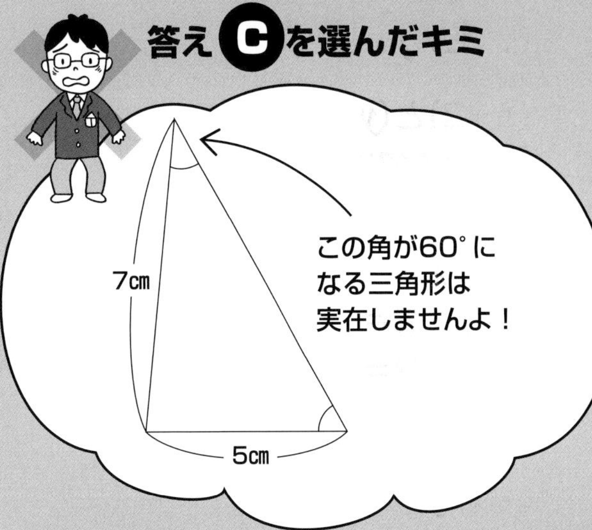

中1

正解は　答え B

差が4の2つの素数を「いとこ」素数と言います。
ほかには「13と17」、「19と23」、「37と41」などがあります。

答え A を選んだキミ

「5、7、11、13」や「11、13、17、19」などを
「四つ子素数」と言います。
4個じゃないと四つ子になりません。

答え C を選んだキミ

双子兄弟は数学には
ない言葉ですね。

先輩に聞け！
大学ナビゲーター

慶應義塾大学

文学部人文社会学科3年

堀井南海子（ほりいなみこ）さん

苦手教科も諦めないで最後まで頑張って

西洋史に興味がありドイツ文学を専攻

――どうして文学部を志望したのですか。

「受験するときに西洋史に興味があって志望しました。昔、歴史のテレビ番組を見ていておもしろかったのがきっかけで西洋史が好きになりました。大学に進学するときも古生物か歴史か迷って、歴史を選びました。そのなかでもドイツ文学を学んでいます。第二次世界大戦前後の様子が日本とドイツは似ていて、その比較が面白いですね。いま当たり前に生活していることの起源はなんだろうと思います。」

――サークルには入っていますか。

「いまは旅行サークルに入っています。中学生のときから吹奏楽部でサックスを吹いていたので、1年生のときに応援指導部に入ったのですが、よくわからないルールがあり、あまりの厳しさに楽器を吹く前にやめてしまいました。

じつは中学では陸上部に入ろうと思っていました。でも、入学した中学校に陸上部がなくて、仕方なくバレーボール部にしようとしたのですが、それもなくて、友だちから誘われた吹奏楽部に入部することになりました。サックスを中学のときに買ったので、高校も吹奏楽部でサックスを担当していました。

サークルをやめたら夏休みがあまりに暇で、『こんな大学生活じゃダメだ』と思っていたところ、夏休み明けにクラスの友だちに誘われて、日本文化研究会といういまのサークルに入りました。月に1回東京近辺と、毎年夏休みに3泊4日の京都旅行をしています。冬休み中の旅行場所は決まっていなくて、前回は2泊3日で四国に行ってきました。そのときはなぜか、城巡りになって、いろいろなお城に行きました。

私は旅行だけ参加しているんですが、自分の興味があることを調べて研究発表などをしている人もいるんです。まだ海外旅行をしたことがないので、卒業旅行ではトルコに行ってみたいです。」

――どうしてトルコなんですか。

「トルコは古くから人が住んでいて、いろいろな人が出たり入ったりしているので、さまざまな文化があ

図書館旧館
1912年に創立50年を記念して建てられた。ステンドグラスには「ペンは剣よりも強し」とラテン語で書かれている。

るので興味があります。でも、いまのところトルコに行ってくれる友だちがいないので、イタリアにしようかとも考えています。」

――ゼミではどんなことをしていますか。

「ドイツ思想史のゼミに入っています。いまゼミで指定された本を読んでいるんですが、全部英語で書かれているので大変です。でもゼミ自体は易しいですね。」

――卒論はどういったことをテーマにするつもりですか。

「ドイツ国家が成立したときに、どうやって国民にドイツ人であることを教育で浸透させたのかを調べて卒論にしたいと思っています。

ドイツに興味を持ったのは、高校のとき、世界史の先生の授業がとてもおもしろくて、『もっとドイツのことを知りたい』と思うようになったのがきっかけです。」

――これまで難しかった講義はありましたか。

「史学概論という講義がいままでで一番難しかったですね。プリントも字ばかり書かれていて、講義も話ばかりで眠かったです。しかも、試験での評価は、半分くらいの人がギリギリ単位認定のCという厳しい講義でした。」

――ユニークな講義はありましたか。

「アッカド語（古代メソポタミアで話されていた言語）のプリントが配られて、それをもとに、粘土で楔形文字を作った講義がありました。それが一番変わっている講義ですね。」

――将来、就きたい職業はありますか。

「旅行が好きなので、旅行会社か、教育関係の仕事に就けたらいいなと思います。でも、まだなにも調べてなくてわからないので、いろいろ見て決めたいと思います。」

南館
2011年３月竣工。地下１階、地上７階建てで大教室やカフェテリア、見晴らしのいいテラスなどがあり、学習環境がよりいっそう整いました。

自作のビラで家庭教師の生徒集め

――志望高校を選択するときは迷いましたか。

「吹奏楽の強い高校に進学しようと考えていたのですが、遠くて迷っているときに、両親の出身校を両親に勧められて湘南高校に決めました。結果的にすごくよかったです。」

――アルバイトはしていますか。

「個人で家庭教師をしています。高校2年生と中学3年生を教えています。不思議なことに、受験生だったころより、いまの方が勉強ができるようになっています。

教える子は知り合いから頼まれたり、自作のビラをコンビニに貼ってもらって、それを見た保護者から連絡をもらって教えています。」

――最後に、受験生にアドバイスをお願いします。

「私の場合は、大学受験のときに苦手な教科を諦めずに最後まで頑張ったから、いまがあると思っています。早くから苦手な教科を諦めるのではなく、最後まで苦手な教科も勉強しておいた方が可能性も広がるのでいいですよ。」

わたしには
超えたいものがある

特別進学類型

◎主な進学先
(国立) 筑波大、東京農工大、茨城大など
(私立) 早稲田大、上智大など

大学進学率 72.7%
現役合格率 77.3%

※大学に合格しても浪人を選択した生徒もいます。大学進学率は実際に入学した割合で、現役合格率は浪人を選択した生徒を含めた割合です。

普通進学類型

◎主な進学先
青山学院大、武蔵大、獨協大、國學院大、日本大、東洋大、駒澤大など

〈進路内訳〉
進学準備他 8.2%
専門学校 17.6%
大学 74.2%

大学進学希望者の現役進学率 90.6%
現役合格率 92.6%

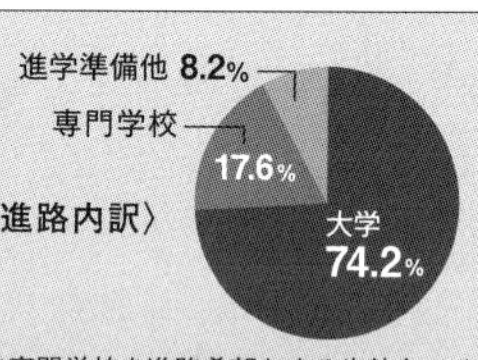

※専門学校を進路希望とする生徒もいるため、大学進学率と現役合格率は、大学を進路希望した生徒に対する割合です。

選抜進学類型

◎主な進学先
東京理科大、青山学院大、立教大、中央大、法政大など

大学進学率 89.2%
現役合格率 94.0%

文理進学類型

◎主な進学先
日本大、東洋大、大東文化大、亜細亜大、帝京大、東京電機大など

〈進路内訳〉
進学準備他 9.3%
専門学校 23.3%
大学 67.4%

大学進学希望者の現役進学率 89.2%
現役合格率 90.8%

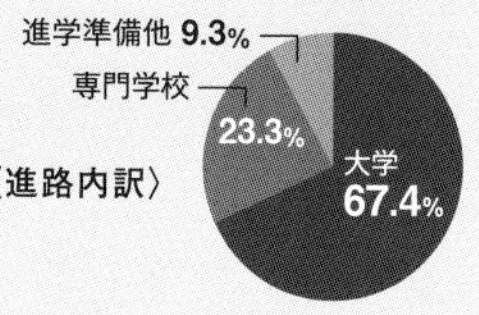

※専門学校を進路希望とする生徒もいるため、大学進学率と現役合格率は、大学を進路希望した生徒に対する割合です。

学校説明会／個別相談

①校舎・施設見学 ②全体会

11月19日(土) ①14:00 ②14:30
11月26日(土) ①14:00 ②14:30

※事前のお申し込みは必要ありません。ご自由に参加して下さい。
※上履き・筆記用具をご持参下さい。
※上記日程以外をご希望される場合は、事前にお問い合わせ下さい。
※お車でのご来校はご遠慮下さい。

体験入学

①校舎・施設見学 ②全体会

11月20日(日) ① 9:30 ②10:00
11月23日(祝・水) ① 9:30 ②10:00
11月27日(日) ①13:30 ②14:00
12月 3日(土) ①13:30 ②14:00
12月 4日(日) ①13:30 ②14:00

・一回の定員に限りがあります。
・一般教科やオーラルコミュニケーション模擬授業など、類型別に実施します。
・中学校の先生を通して電話にてお申し込み下さい。
・当日は上履き・筆記用具をご持参下さい。

学校法人 豊昭学園

豊島学院高等学校

併設/東京交通短期大学・昭和鉄道高等学校

〒170-0011 東京都豊島区池袋本町2-10-1 TEL.03-3988-5511 http://www.hosho.ac.jp/toshima.htm

世界の先端技術
燃料電池

東京ガスの「エネファーム」（写真提供：東京ガス株式会社）

プロフィール
日本の某大学院を卒業後、海外で研究者として働いていたが、和食が恋しくなり帰国。しかし、科学に関する本を読んでいると食事をすることすら忘れてしまうという、自他ともに認める"科学オタク"。

酸素と水素の反応で電気を作り出す

水を電気分解すると酸素と水素が得られることは知っているよね。燃料電池はその逆、水素と酸素が結合して水になる際に出るエネルギーを電気として取り出す発電方式だ。発電の際に出てくるものが水だけなので非常にエコな発電方式だと言われている。宇宙船の電源としても使われているよ。

燃料電池の発電方法はいろいろ考えられているけれど、そのなかのSOFC（固体酸化物形燃料電池）は、発電効率が高く、電極に白金などの高価な触媒を必要としないなどの特徴を持つ発電方法だ。燃料の水素は天然ガスなどを精製する際に作ることができ、酸素は空気中から得ることができる点も燃料電池が有望視されている理由の１つだ。

燃料電池のなかでは、前述のように水の電気分解と逆の現象が起こる。電気分解では水（H_2O）に電気を流すと水素（H_2）と酸素(O_2)が生まれる。燃料電池ではその逆、つまり、水素と酸素を反応させることで電気が生まれる反応が起きているのだ。直接の発電だけでなく、電気エネルギーを生みだすと熱も生まれる。この熱も家庭用のエネルギーとして使い、約60℃のお湯にして、給湯などに利用することで、全体的なエネルギー利用効率は70%を超えるところまできている。すごいね。

未来の発電方式として期待されているこの燃料電池が実用に向けて進み始めた。独立行政法人 新エネルギー・産業技術総合開発機構（NEDO）と財団法人 新エネルギー財団（NEF）による事業「固体酸化物形燃料電池実証研究」での実証実験では「8.5万時間以上の連続運転でも一定の発電効率を保てるめどがついた」という。これは10年間使えるシステムができたということだ。

2009年、家庭用の小型の発電と給湯を合わせたシステムが、統一名称「エネファーム」と名づけられ、東京ガスなどのエネルギー供給関連企業から、世界に先駆けて発売されることになった。「エネファーム」の場合、酸素は空気中のものをそのまま用いるが、水素は天然には存在しないものなので、都市ガスなどの化石燃料から取り出す。

まだ価格は高いけれど改良され、大量に販売されると価格も安く、もっと使いやすいものになるだろう。

電気の利用がいろいろな面で見直されている。燃料電池も新しい選択肢かもしれない。楽しみだね。

今月のキーワード

ニュートリノ

欧州合同原子力研究所（CERN）が9月下旬、素粒子のニュートリノを光より速く移動させる実験に成功したと発表しました。

アインシュタインの特殊相対性理論によると、光よりも速い物質は存在しないことになっているため、もし、発表が事実とすると、物理学上の大変な発見ということになります。

CERNの実験を行ったのは国際研究実験（OPERA）チームと呼ばれる、約160人の研究者が参加するグループです。メンバーには日本の名古屋大や神戸大の研究者も含まれています。

実験ではCERNがあるスイスのジュネーブから、約730㎞離れたイタリアのグランサッソ国立研究所に、人工的に作ったニュートリノ1万6000個を発射しました。その結果、ニュートリノは2・43ミリ秒後に到着し、光よりも60ナノ秒（1億分の6秒）速かったというのです。同チームは、この実験を1万5000回も繰り返して計測を行いましたが、同じ結果が得られたとして、ニュートリノが光より速く移動したと発表しています。

物質は分子からなり、分子は原子からなり、原子のなかに電子、陽子、中性子がありますが、素粒子はこれ以上細かくできない最小単位です。その一種がニュートリノです。光は1秒間に約30万㎞を進みますが、ニュートリノはそれよりもほんのわずか速いということになります。

物体は、速くなればなるほど、時間の進み方が遅くなることが知られています。例えば、地球上では1時間でも、猛スピードで移動するスペースシャトル内では、時間は1時間よりも遅くなります。もし、物体が光と同じ速さになると、物体の時間は止まってしまうと考えられています。光と並行して走った場合、光が止まって見えるはずだというのです。並行して走る電車と電車が、同じスピードだとお互いに止まって見えるのと同じ原理です。

物質を構成する素粒子の一つ、ニュートリノが光よりも速く飛んだことを示す実験結果をめぐって、測定データに関する質問に答える名古屋大教養教育院の小松雅宏准教授（左）。「全ての質量を持った物体は光速を超えることができない」としたアインシュタインの特殊相対性理論を覆す大発見となるだけに、広く実験の検証を呼び掛けた（愛知・名古屋市千種区）時事 撮影日:2011-09-26

実験では、ニュートリノはその光より速いのですから、時間は逆行し、過去に行くことができるようになり、タイムマシンが可能になるという人もいます。

ですが、ニュートリノが光より速いとしても、人間までもが速くなれるとは限りません。また、今回の実験はスイスとイタリア間で行われましたが、別の場所で実験して、さらにデータを積みあげ、確かめる必要があります。いずれは日本でも同じ実験が行われる予定で、そうした結果を総合して判断されることになるでしょう。

世界の星を育てます

MEISEI

高校１年生で英語の多読を実施しています。
また、英語の多聴も導入し英語の力を伸ばしています。

学校説明会

11月27日（日）
10:00～
入試出題傾向

12月 3日（土）
14:00～
入試問題解説

※予約不要

学校見学

月～金　9：00～16：00
土　9：00～14：00
日曜・祝日はお休みです。
事前にご予約のうえ
ご来校ください。

入試概要

推薦入試
募　集　男女約75名
試験日　1月23日（月）
発表日　1月23日（月）

一般入試
第１回
募　集　男女約65名
試験日　2月10日（金）
発表日　2月11日（祝）

第２回
募　集　男女約10名
試験日　2月13日（月）
発表日　2月14日（火）

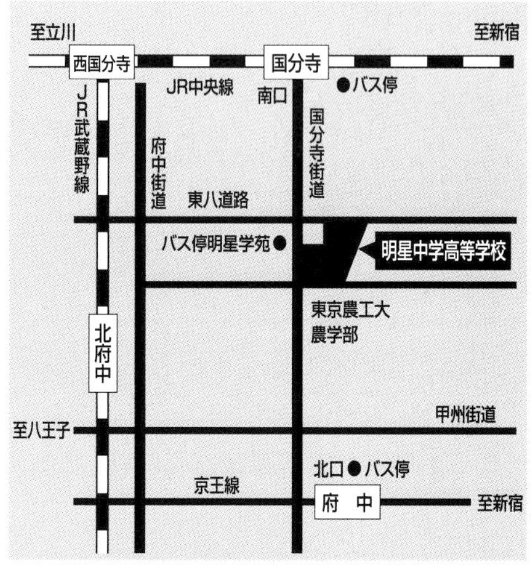

ご予約、お問い合わせは入学広報室まで　TEL.FAX.メールで どうぞ

明星高等学校

〒183-8531　東京都府中市栄町１－１　入学広報室
TEL 042-368-5201（直通）　FAX 042-368-5872（直通）
（ホームページ）　http://www.meisei.ac.jp/hs/
（E-mail）　pass@pr.meisei.ac.jp

交通／京王線「府中駅」
　ＪＲ中央線／西武線「国分寺駅」 ］より徒歩約２０分 またはバス（両駅とも２番乗場）約７分「明星学苑」下車
　ＪＲ武蔵野線「北府中駅」より徒歩約15分

Q 歴史を横断的に勉強するって?

国立大学附属高校を第1志望として受験したいと考えています。国立大附属高は5科目入試なので社会・理科もいまから勉強しておきたいと思うのですが、いま学校でも習っている社会の歴史が苦手です。志望校に合格した先輩から、「学校の教科書を横断的に読むといい」という話を聞きました。具体的にはどういう意味なのか教えてください。（横浜市・中2・KS）

A テーマを設定して学んでみましょう

高校入試で社会・理科が受験科目にある志望校をお考えの場合に、中学校2年生段階から意識して社会や理科を学習しようという姿勢は立派だと思います。

とくに国立大学附属高校などの場合には、よく練られた良問が社会・理科でも出題されています。よくいわれる難問とは少し違い、じっくりと考えて答えるというようなタイプの出題が多いといえるでしょう。

そうした問題への対応策として、普段の学校の授業を大切にし、常日頃から考える習慣をつけることが本格的な学力を培うことになります。

そのうえで、とくに社会科の歴史分野については、ご質問者の先輩が指摘されているように「教科書を読むことで大きな歴史の流れをつかむ」という方法を、ぜひやってみてください。

先輩の言う「横断的に読む」というのは、漫然と教科書を前から順に読むのではなく、一定のテーマを設定して読んでいくことをさすのでしょう。例えば、「経済の流れ」に着目して土地制度がどのように変わっていったのかを探る読み方をしたり、文化の流れだけを順に読んでみるといったやり方です。

それぞれの時代の該当部分だけを取り出して読んでいくことになりますが、そうした読み方をしていくことで歴史の理解が深まり、自分なりの歴史的流れがわかってくるのではないかと思います。

輝いてほしい。
キミは希望の星だから！

公開学校行事

●オープンスクール　王子キャンパス本館

11月19日(土) 9:00～16:00　※(13:00までにお越し下さい)

◇(クラブ活動・施設見学)、新田キャンパス案内あり

◇ 学校説明会・個別相談も随時行います

学校説明会　生徒・保護者対象

12月 3日(土)　9:00～都外生対象　13:00～都内生対象

個別相談会　生徒・保護者対象

12月 3日(土) 10:30～都外生対象　14:30～都内生対象

予約制個別相談会　※12/14(水)予約締切

12月18日(日) 9:00～12:00 、13:00～16:00

入学試験日 【募集人員　男女130名 特進選抜類型・特進類型 英語類型】

	推薦入試		一般入試
	推薦Ⅰ・Ⅱ	推薦Ⅲ	一　般
試験日	1/22 (日)	1/25 (水)	2/11 (土・祝)
募集定員	65名 (特進選抜 30名 特進 20名 英語 15名)		65名 (特進選抜 30名 特進 20名 英語 15名)
受験科目	適性検査(国・数・英) 面接		国・数・英 面接
募集コース	特進選抜類型・特進類型・英語類型		
合格発表	1/23 (月)	1/26 (木)	2/13 (月)

(推薦入試 Ⅰ　本校第1志望)
(推薦入試Ⅱ・Ⅲ　本校第2志望 ＊都外生のみ対象)

王子キャンパス (京浜東北線・南北線 王子駅・徒歩3分)
東京都北区王子本町1-17-13 TEL.03-3908-2966 (代)
新田キャンパス (体育館・武道館・研修館・メモリアルホール・グラウンド)
http://www.junten.ed.jp/

SUCCESS CINEMA vol.22

サクセスシネマ

ハッピークリスマス!!

34丁目の奇跡

1994年/アメリカ/20世紀フォックス/
監督:レス・メイフィールド

「34丁目の奇跡」フォックス・スーパープライス・ブルーレイ　WAVE15
2,381円(税込2,500円)ブルーレイ発売中
20世紀フォックス　ホームエンターテイメント　ジャパン

サンタは実在するか、しないか

クリスマス映画を代表する名作の1つ「三十四丁目の奇跡」のファーストシーンは、老人がクリスマスの準備でせわしない街角のショーウィンドウを覗くシーンから始まります。スーツ姿ではありますが、真っ白なあごひげ、穏やかで優しげな瞳の紳士にだれもがビビッと来るはず、「彼はサンタクロースに違いない！」と。こちらが製作されたのは1947年、そして、今回ご紹介するリメイク版は1994年に製作されています。そのほかにも、テレビドラマやミュージカル映画なども作られています。クリスマス映画と聞いて思い浮かべるのは、雪のシンシンと降り積もるなか、子どもが不思議な体験をしてサンタの存在を信じるようになる――、というのがよくあるパターンですが、こちらは異色。サンタの存在を巡って、裁判にまで発展していくのです。「自分はサンタクロースだ」と言い張るこの老人を、国や州は認めるのか否か。実在するのか、架空なのか、それとも、心のなかに存在するだけなのか。その判決がどう下されるべきかを我々にも問いかけるような作品です。

ホーム・アローン

1990年/アメリカ/20世紀フォックス/
監督:クリス・コロンバス

「ホーム・アローン」フォックス・スーパープライス・ブルーレイ　WAVE1
2,381円(税込2,500円)ブルーレイ発売中
20世紀フォックス　ホームエンターテイメント　ジャパン

痛快！ X'masコメディ

大人も子どもも楽しめる、笑いあり、アクションあり、涙ありのドタバタ・クリスマス映画と言えばこの1作です。ひょんなことで旅行に置いてけぼりにされてしまった末っ子のケビンが、クリスマス中の留守宅を狙って侵入してきた泥棒２人を相手に、勇敢に戦うというストーリー。

子どもらしいユーモアたっぷりの罠を仕掛けてドジな泥棒たちをこらしめるシーンは痛快です。

主人公のケビン君を演じたマコーレー・カルキンは当時10歳で天才子役として注目されました。世界中で人気を博したこの映画は、第4作までシリーズ化、また、さまざまな機種でゲーム化され社会現象ともなりました。

今春、映画の舞台となった邸宅が240万ドルで売り出されたことをロイター通信が報じています。

グリンチ

2000年/アメリカ/ユニバーサル映画
UIP/監督:ロン・ハワード

「グリンチ」Blu-ray発売中
1,980円(税込)
発売元:ジェネオン・ユニバーサル・エンターテイメント

グリンチがクリスマスを嫌いな理由とは

だれもが心躍るクリスマス。1年で最も楽しいこのイベントを嫌いな人はいるでしょうか。もし、いるとすれば、それは自分が楽しむことができないから嫌いなふりをしているだけのはず…。それがこの映画の主人公、グリンチです。世界で最もクリスマスを愛している街フーヴィル。その近くの山に住む、毛むくじゃらの容姿をしたいたずら好きのグリンチは、本当は優しい心を持っているのに、小さなころから仲間外れ。クリスマスにいい思い出がありません。いつしか下界の人びとから恐れられ、山にこもるようになってしまうのですが、ある少女が彼の優しさに気付き、村のクリスマスに招待します。最初から最後まで特殊メイクで顔がわからないものの、センチでお茶目なグリンチ役をジム・キャリーが好演しています。

Wayo Konodai Girls' High School

あたりまえのことを、あたりまえに。

明るい挨拶が響きあう。身なりや教室を清潔に整える。
学園祭や体育祭に、心躍らせる。真剣なまなざしで学びあう。
そんなあたりまえの学校生活が、ここにあります。

■教育方針
和魂洋才・明朗和順の建学の精神に基づき、日本女性としての誇りを胸に、世界に翔たいていける女性の育成につとめています。

■特色
人間教育と進学指導が両輪です。女性には女性の生き方があります。女性の視点・リズム・テーマを活かし、自立した女性への大学受験に重点を置いています。

普通科
《特進コース》
国公立大及び難関私大合格をめざす。
《進学コース》
現役で有名大学合格をめざす。
ファッションテクニクス科
ファッション界のスペシャリストをめざす。
〈併設〉和洋女子大学・同大学院

Information

●学校説明会：12/3(土)13：30～

《平成24年度入試日程》

単願推薦	1月17日(火)
併願推薦	1月17日(火)・18日(水)いずれか
※進学コースの単願・併願推薦受験生は特進コースチャレンジ受験可	
一般入試(前期)	1月17日(火)・18日(水)両日も可
一般入試(後期)	2月23日(木)

※募集要項詳細はＨＰでご確認下さい。

和洋国府台女子高等学校

創立明治30年

〒272-8533　千葉県市川市国府台2-3-1
TEL047-371-1120(代)　FAX047-371-1128
ホームページ　http://www.wayokonodai.ed.jp/
■JR市川駅よりバス8分■JR松戸駅よりバス20分
■京成国府台駅より徒歩10分■北総矢切駅よりバス7分

サクセスランキング

★ Success Ranking ★

高校生に聞いた大学志望度・知名度ランキング

今回は関東在住の高校３年生に聞いた大学の志望度・知名度ランキングを紹介しよう。いまはまだピンとこないかもしれないけれど、みんなと同じ関東に住む高校生がどんな大学を志望していて、どんな大学に興味を持っているのかを知っておけば、今後役に立つかもしれないよ。

志願度ランキング

順位	大学名	区分	志願度（%）
1	**明治大**	**私立**	**13.3**
2	早稲田大	私立	12.1
3	日本大	私立	9.3
4	青山学院大	私立	8.4
5	法政大	私立	7.8
5	立教大	私立	7.8
7	慶應義塾大	私立	7.1
8	中央大	私立	6.3
9	東洋大	私立	6.1
10	千葉大	国立	5.1
11	東京理科大	私立	4.4
12	上智大	私立	3.6
13	埼玉大	国立	3.2
14	首都大東京	公立	3.1
14	筑波大	国立	3.1
16	東京大	国立	2.9
17	駒澤大	私立	2.8
18	横浜国立大	国立	2.7
19	東京農業大	私立	2.6
20	東京工業大	国立	2.5

知名度ランキング

順位	大学名	区分	知名度（%）
1	**明治大**	**私立**	**94.9**
1	**早稲田大**	**私立**	**94.9**
3	東京大	国立	93.2
4	青山学院大	私立	90.6
5	立教大	私立	89.3
6	慶應義塾大	私立	88.7
7	中央大	私立	88.2
8	上智大	私立	87.3
8	法政大	私立	87.3
10	駒澤大	私立	86.9
11	日本大	私立	83.9
12	学習院大	私立	79.3
13	東洋大	私立	78.9
14	一橋大	国立	78.8
15	帝京大	私立	78.6
16	お茶の水女子大	国立	76.3
17	明治学院大	私立	75.7
18	東京理科大	私立	75.1
19	専修大	私立	74.9
20	順天堂大	私立	70.8

※『進学ブランド力調査2011』より「高校生に聞いた大学ブランドランキング2011」（リクルート）

今月の1冊

サクセス書評

12月号

お嬢さま刑事と毒舌執事が事件に挑む 2人のコミカルな関係がおもしろい！

『謎解きはディナーのあとで』

マンションの一室で女性の死体が発見される。刑事たちは犯人逮捕に動き出すが、その死体には不思議な特徴があった…。

昨年9月の発売以降、大ヒットを続けているこの小説。主人公の宝生麗子は、上司の風祭警部（中堅自動車メーカー・風祭モータースの御曹司）のもと、事件解決に日々奔走している警視庁国立署の刑事だ。風祭警部の面倒な言動に心のなかで（たまに心の外で）ツッコミを入れながら、健気に職務をこなす彼女にはもう1つの顔がある。

風祭警部をはじめ、同僚たちは知らないが、じつは彼女はただの刑事ではなく、さまざまな企業を束ねる宝生グループ（風祭モータースよりもはるかに大きい）総帥のご令嬢なのだ。その令嬢刑事が冒頭の難事件に挑むところから物語はスタートする。

そこにもう1人の主人公として登場するのが、麗子に付き従う執事兼運転手の影山だ。捜査開始早々に行き詰まった麗子が、ふと事件のことを影山の前で話したところ、影山は意外な推理力を発揮していく。

この小説のおもしろいところは、ただ執事がお嬢さまといっしょに事件を解決していくのではなく、そのなかで交わされる2人のやり取りにあると言えるだろう。お嬢さまと執事という主従関係にありながら、話を聞いただけで真相にたどりついた影山が麗子に対してキツいひと言を放ったり、小バカにしたりと、およそ雇われているとは思えない態度をとる。

毎回、怒りのあまり、お嬢さまらしからぬ言葉を影山に投げつけながらも、事件解決のために折れてしまう麗子。この2人のコミカルな関係には、読んでいて思わずニヤニヤしてしまうこと間違いなしだ。

本書は6つの事件から構成されていて、1つひとつはすぐに読み切れる長さになっている。文章も難しくないので、勉強の合間に読めば、いい息抜きになるのでは。10月からは櫻井翔さんと北川景子さん主演のドラマでもスタートしている。

『謎解きはディナーのあとで』

著／東川 篤哉
刊行／小学館
価格／1500円＋税

Educational Column

15歳の考現学

自らの存在を確立するために
自らのユニークさを発揮できる
ポジションを探し追い求めること

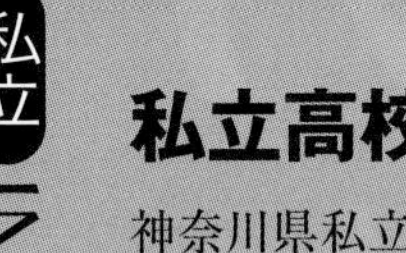

私立高校受験

私立 INSIDE

神奈川県私立高校の
2012年度入試変更点

公立高校受験

公立 CLOSE UP

どこが変わり　なにが起こる？
都立入試の変更点とその影響

高校入試の基礎知識

BASIC LECTURE

志望校を決める最後のポイント
三者面談で自分の思いを伝えよう

受験情報

monthly topics

神奈川公立

神奈川公立高校の募集は120人増

神奈川の「県公私立高等学校設置者会議」で、2012年度の全日制公立高校の入学定員を120人増やすことが合意された。経済的事情から定時制に進学する生徒が増えていることに対応した。私立側も今後、入学金の納付延長の導入などを進める方針。県教委によると、今春に県内の定時制に入学した生徒へのアンケートで、公立高の全日制に合格せず、経済的事情から私立高への進学をあきらめた結果、定時制に入学したケースが前年度比5.7ポイント増の8%に増加している。

千葉私立

千葉私立高校の募集は536人増

千葉県私立高校、全日制54校の2012年度募集人員は1万3457人（うち前期が1万1725人）で前年度比536人増となった。

東京都立

東京都立高校の募集は1195人増

東京都立高校全日制の2012年度募集は30学級増となり、前年度より1195人多い4万1545人となった。

15歳の考現学

自らの存在を確立するために自らのユニークさを発揮できるポジションを探し追い求めること

森上 展安
Nobuyasu Morigami
もりがみ・のぶやす
森上教育研究所所長。1953年、岡山県生まれ。早稲田大学卒業。進学塾経営などを経て、1987年に「森上教育研究所」を設立。「受験」をキーワードに幅広く教育問題をあつかう。近著に『教育時論』や『入りやすくてお得な学校』『中学受験図鑑』などがある。

自らの存在価値を知る

過日の読売新聞夕刊に、東大野球部ルーキーが取りあげられていました。なかなかの活躍ぶりというその人は、桐朋出身で高3夏まで野球に明け暮れ、秋から1日10数時間の猛勉強をして東大に現役合格した旨が書いてありました。

同様の話を佼成学園でも伺いました。同校野球部のキャプテンだったと思いますが、やはり高3夏まで野球をやって、その後猛勉強をして早大に現役合格したそうです。

東大と早大では価値が違う、と思うかもしれませんが、佼成学園のこの学年のチームは都大会ベスト4まで残り、あの日大三、早稲田実業と互角なところまでなかば素人集団で勝ちあがってきたのですから、並みの努力研鑽(けんさん)の仕方ではないでしょう。

これらの高校生たちは学業もやり、部活も限られたときにやって、最後のラストスパートで目標を突破したところが大いにすばらしいところです。

佼成学園のこの生徒は、卒業式で意表をつくスピーチをしたとも聞きました。私立高校の卒業式は大学合格発表前にやるところが少なくないのですが「自分を支え築いてくれた学校の先生方に報いるためにも必ず早大に合格する」と宣言したのだそうです。事前の決意表明と言えますが、なかなかできないことです。

東大ルーキー君の方は、自分ごときの実力で活躍できるのは東大野球部しかないとの戦略をたてて東大をめざした、ということですからこれもすばらしい。

つまり、ここにあるのは自身をよく知る明解明確な目標です。自身が燃える状況を作るということでもありますが、1人でできるように見えてそこには冷徹な自己省察、周囲の環境判断などへの的確さがあってこそでしょう。

筆者などはさらにもう1つ加えたい気持ちがあります。

というのもこのお2人とも自身がどのポジションで評価されるのかをよく知っているのではないかという点です。

各々共通することは、そのチー

ムでは貴重な位置にあります。日大三や早稲田実業で認められる活躍をするにはセミプロ並みのトレーニングの日々が想定されるなかで、普通の中学生活を送り、高校でも文武両道でやってきたこと。あるいは弱々しく出ると負けの選手ばかりのなかで、まさにセミプロ並みの六大学の名門の選手と、互して戦える東大生というのも異色です。

　このように必ず注目されるポジションを占めるのは並々ならぬ能力の持ち主であるのは確かなことですが、そのポジションに気づき意識的に意欲的にチャレンジするという気構えに注目したい。確かにこれは悪く言えばめだちたがりという非難を浴びるかもしれませんが、筆者が言いたいのはその逆で、めったにないポジショニングを自ら演出する、というスタンスが大事だ、という点です。

自らの存在を証明するために

　人は1人ひとり必ずやなにかのすばらしいよさを持って生まれてきています。それが必ずしもいまはわからないかもしれませんが「人とこれは違うぞ」というユニークさには15年も生きていれば自然と自覚されてくるでしょう。

　もっともそのユニークさということが必ずしも有能感として受けとられていないかもしれません。

　例えば、筆者の長男はかなりの運動音痴で高校で山行があった折りに一番最後尾でついていくことにしていました。しかし、そのことで足に障害のある同級生と仲良く山行でき、この同級生とは以来、生涯の友のように社会に出ても連絡を取り合っているようです。

　このように健常な人から見ると弱点であることが友情を育み、行事の苦しさを楽しさに変えてくれたのです。

　そして、この出会いが他の普通の健常者から見ると、マイナー同士の出会いには違いないのですが、そこは健常者同士でマイナーな社会から世の中を見ると、どう見えるかという世界に視界を広げていくことにつながります。

　その視点は、マイナーな人々にとって大事なだけでなく、それ以外のメジャーな人々にとって見落とされがちな、しかし有益なものも含まれるはずです。

　そこでポジショニングについての自覚ができるとなにが起きるかというのが筆者のじつは主要な論点です。

　そこには「変化」が起きます。昨日までの彼、彼女らではない、極めて意志的な生き方を選ぶ人物に変化し、かつその結果、実際に変化してしまうのです。

　初めに例をあげたスポーツ選手の場合は、こうしたことがとてもわかりやすい。

　そのよい例としてもう1つあげると、筆者の母校にはボート部があって、ここでの指導者が高岡英夫氏の提唱する〝ゆる体操〟の習得者で、部活に〝ゆる体操〟を取り入れたところ、たちまち全国屈指の強豪校になった、というお話があります。

　なにしろ、立っていても〝ゆらゆら〟することがよいことだ、という理論ですから、その高校では朝礼や式典の際もボート部員だけは特例でゆらゆらしているそうですからなにやら愉快です。

　これなどもスポーツという剛の者の世界へ、柔を持ちこんだ点のユニークさ、それをボートに摘用するとどうなるか、という試み、あらゆる生活の場面で実践するほどの徹底ぶりなど、どれ1つ取っても戦略戦術に対する強い意志を感じます。

　いま、中学生の学校生活は、みょうにめだつことを嫌い、いじめられないようにお笑いをとるだけのコミュニケーションになっている、という話をよく耳にします。

　他人の目を意識することは自分を守ることですからそれ自体は、個人の防御本能です。

　しかし、それはなにかが欠けています。なにが欠けているか、鏡を見てみましょう。そこにめだたなくしている自分が見えるでしょうか。どんな表情をしているでしょうか。あなた自身が見て、好ましい表情とはそのような〝顔〟なのでしょうか。

　一方で意志的に生きている、先ほどの例にあげたような人々は、とてもよい表情をしています。魅力的です。

　高校に入ったらぜひ、どのようなポジションを占めれば自らがユニークさを出せるだろうか、その自らの表情はどういう顔になるのだろうか、と考えをめぐらせてみてください。

神奈川県私立高校の2012年度入試変更点

大きな入試変更校はない

ここでは神奈川県の来年度入試に向けて私立高校で入試変更を行う高校について並べてみた。神奈川県では、公立高校の入試制度が過渡期にきている。現在の高校2年生が受験する2013年度からは公立高校の前期・後期制度がなくなり、一本化して学力検査型の入試へと改変されていく。そうなると私立高校の推薦・一般という制度にも変化が生じそうだ。その意味では来春の入試は、現行制度最後の入試ということになる。

この春（2011年度）の入試では、神奈川の私立高校にいくつか入試変更の動きがあった。

まず、横浜国際女学院翠陵が共学化して横浜翠陵に校名変更。

コースの再編・改編ではその横浜翠陵に加え、アレセイア湘南、鶴見大附属、湘南学院がコースを見直した。

さらに日大高の特進新設や入試制度変更（後述）が目立ち、この日本大学は志願者が5倍増した。

募集停止は、洗足学園音楽科と神奈川学園の2校だった。

桐光学園の女子に変化が

来春（2012年度）については、その反動からか大きな動きはない。

白鵬女子がスポーツコースとメディア表現コース（ともに15名）を新設するほか、鎌倉女子大と横浜商科大が普通コースや一般コースを進学コースの名称に変更する。湘南工大附は従来のクラスを進学アドバンスと進学ベーシックのコースに格上げする。

そんななかで目を引くのは桐光学園。女子部でAコースの募集をなくし、SAコースのみの募集とする。

同校の一般入試は従来は出願でSAとAのコース区別はなく、入試得点でコースが決定していた。これから女子部ではSAの合格基準のみということになる。男子部は従来同様、SAとAコースで合格発表が行われる。

横須賀学院は、推薦の定員を減らし、その40名を一般のⅡ期選抜に移動、Ⅱ期選抜は100名となる。

入試に新方式を導入するのは中央大学横浜山手で、推薦Ⅰを80名から60名に削減、一般併願・オープン入試の区分をとりやめ、5科入試・面接なしを定員80名、3科・英語重視型入試・英語面接ありを定員20名でそれぞれ新設する。従来からの3科入試・面接ありは定員40名となる。

同校は中学入試は共学化で人気を集めているが、高校の共学化は2014年度まで待たねばならず、まだ女子のみの募集。

中央大の系列下に入って出願基準を大きく引きあげた同校だが、さらにレベルの高い受験生を集めたいとして、5科入試のうち国・数・英は現公立高校の独自問題校の出題レベルとする（13年からは公立の独自問題はなくなる）。公立トップ校との併願生を歓迎したいとしている。

日大高は県外推薦廃止

さて、前述した日大高だが、今春の入試で志願者が1000名と大幅に増えて前年の5倍を集めたが、今春新設していた県外生対象の併願推薦をとりやめるとしているので、一昨年の志願者数まで戻るかどうかに注目したい。特進にどれぐらい集まるかが焦点となる。

神奈川県の場合、公立の後期の出願が2月6日と7日、志願変更が9日、10日で、受験生は私立の一般入試の合否が決まる前に公立の出願校を決めなければならない。

このため、私立高校のほとんどで、事前に公立中学校との入試相談を実施し、オープン入試（調査書にとらわれず入試当日の得点だけで合否を決める制度）以外では滅多に不合格者は出ない。

しかし、そうはいっても受験生側の不安は隠せない。本来なら、私立の合否結果を踏まえて公立の出願校を決めたいであろうし、そうしてあげたいものだ。

県外生対象（ほとんどが東京の受験生）とはいえ日大高の併願推薦がなくなる。また、1月実施の併願推薦は一昨年まで、桐蔭学園と鎌倉学園が実施していたが廃止され、これですべてがなくなった。

公立高校との併願優遇は2月の一般入試のみで、という申し合わせの基本に沿ったものとなったわけだ。

2013年度の神奈川公立高校は前期・後期制入試を廃して、学力検査重視に一本化されることが発表されている。私立高校側の「推薦」「一般」の制度はどうなっていくのか、おおいに注目されるところだ。

どこが変わりなにが起こる？
都立入試の変更点とその影響

安田教育研究所 副代表 平松 享

各都県で来年度の公立高校の入試の詳細が発表されています。東京都でも都立高校の募集人員と入試のルールが発表されました。入試区分や制度に大きな変更はありませんが、推薦入試を行う学校では、小論文や作文を課す学校が増えています。また、中学3年生の人数の増加により募集学級を増やす学校もあります。今月号では、都立入試の日程と、来年度の変更点、その影響などについて、注意するべき点をまとめました。

都立高校の入試日程

入試区分と試験日

都立高校の入試には、「推薦」、「一般」、「二次・分割後期」の3つがあります。

昨年まで「推薦」は、調査書と面接だけで合否を決める学校が大部分でした。今春から、「小論文又は作文」を実施する学校が増え、来春はさらに多くの学校が実施します。

「一般」では、学力検査と調査書の成績を組み合わせて合否を決めています。**日比谷**や**西**などには、学力検査の得点だけで合格者を決める「特別選考」という制度もあります。

「二次・分割後期」では、「一般」の欠員を補う二次募集と、あらかじめ定員を2つに分けて募集する「分割募集」の後期入試を行いますが、近年、上位校では、ほとんど行われていません。

来年の試験日は、「推薦」が1月27日（金）、「一般」が2月23日（木）、

「二次・分割後期」は3月9日（金）です。

出願と志願変更

出願は「推薦」、「一般」、「二次・分割後期」のそれぞれについて、その都度、必要書類を受検する学校に直接提出します。

願書は公立中学校なら学校にありますが、私立や他県の中学校などに在籍している場合は、都の教育委員会から、個人的に取り寄せる必要があります。

多くの中学校では、「推薦」や「一般」の出願日程に合わせて、書類作成の締切日を設けています。期限を越えると、出願先を変えることが難しくなるケースもありますので、注意が必要です。

ただし、「一般」と「二次・分割後期」募集では、各校の倍率を確かめてから、出願先を変更する「志願変更」の制度があり、これを利用すれば、中学校も対応してくれます。

例えば「一般」の願書受付は、来年は2月7日と8日ですが、高校では、その時点でいったん締切った倍率を公表します。その数字が、翌日の朝刊に載りますので、そこで出願を再検討することができます（都教委ホームページには当日夜にアップされます）。

「志願変更」する場合は、出願した高校に、14日に願書を取り下げに行き、翌15日に、変更先の学校に再提出します。変更にはルールがあり、利用する場合は、必ず学校の先生に相談しましょう。

発表と手続き

合格発表は、「推薦」が2月2日、「一般」は2月29日、「二次・分割後期」は3月14日で、「推薦」と「一般」では、午前9時に、「二次・分割後期」では、正午に、合格者の受検番号が学校内に掲示されます。

手続き締切は、いずれも発表翌日の正午。「推薦」では、合格した場

推薦	願書受付	1月24日（火）
	面接・実技	1月27日（金）
	合格発表	2月2日（木） 午前9時
	入学手続	2月2、3日（正午締切）
一般	願書受付	2月7日（火）、8日（水）（正午締切）
	願書取り下げ	2月14日（火）
	願書再提出	2月15日（水）～正午
	学力検査	2月23日（木）
	合格発表	2月29日（水） 午前9時
	入学手続	3月1日（正午締切）
	★新聞発表…応募倍率2月8日（初日分）、9日（2日目締切分）、16日（再提出後確定）	
二次・分割後期	願書受付	3月5日（月）
	願書取り下げ	3月7日（水）
	願書再提出	3月8日（木）～正午
	学力検査	3月9日（金）
	合格発表	3月14日（水） 正午
	入学手続	3月14、15日（正午締切）
	★新聞発表…募集人員3月2日、倍率…3月6日	

合は、必ず入学しなければなりません。「一般」と「二次・分割後期」では、入学を辞退することができます。

主な変更点とその影響

募集学級増

都内の私立、公立の高校募集の定員は、翌春、卒業予定の公立中学3年生の人数に合わせて、毎年決められています。

一昨年の中学3年生は、前年より4000名近く増えたため、都立では、募集学級数を大幅に増やしました。一転して昨年は、中学3年生の人数が3000名近く減り、都立は募集する学級を減らしています。

来春は、中学3年生が2000名程度増えます。都立はこれに備えて、29学級の募集増を行います。こうした調節は普通科（旧学区）の学校で行われるため、地域と難易度のバランスが問題になります。

80ページの表の右端の列を見てください。各校のセルにある数字は、その年度の募集学級数です。例えば、2行目の**小山台**は、2010年…8（学級募集）、2011年…7（同）、2012年…7（同）となっています。

白抜き数字は、前年より学級数を増やしたことを表しています。**小山台**は、2010年に1学級増やして、それまでの7学級を、8学級募集としましたが、2011年には元に戻しています。来春も、7学級募集は変えません。

同校の受検倍率は、男子が1・82倍、女子が1・95倍と高いため、学級増が期待されましたが、施設等の条件から見送られたようです。

表の通り、来春の学級増は、合格基準の高い学校では、ほとんど行われません。そのため中学3年生の増加や、経済の状況から考えて、**三田**、**豊多摩**、**武蔵野北**など、この数年、上昇傾向にある学校の倍率は、さらにアップする恐れがあります。逆に、**豊島**、**江北**、**江戸川**、**日野台**などでは、倍率が落ち着くことが予想されます。

小論文・作文

「推薦」では、今春から、進学指導重点校と進学指導特別推進校の全校で、「小論文又は作文」を実施するようになりました。来春からは、これに加えて、進学指導推進校も全校で実施することになりました。

そのほかの学校と合わせて、来春新たに導入する学校は、次の23校です。

【小論文】三田、城東、東、墨田川。
【作文】竹早、上野、目黒、武蔵丘、豊多摩、豊島、石神井、淵江、葛飾野、江戸川、小松川、武蔵野北、調布北、調布南、小金井北、日野台、永山、板橋有徳、杉並総合。

これで「小論文」を実施する学校は全体の約10%、「作文」を実施する学校は約25%と大幅に増えました。上位校では、中高一貫になる**三鷹**以外は、全校が「推薦」で「小論文又は作文」を実施することになりました。

右の表では、実施する学校の、「調査書」と「小論文又は作文」の合計点に占める割合をまとめました。進学指導重点校などの学校グループごとに、「小論文又は作文」のウエイトの高い学校の順に並べてあります。

表で見ると、進学指導重点校で「作文」を採用しているのは**西**だけで

指定	学校名	導入した内容と決定年		合計点に占める割合 調査書	小論文又は作文
進学指導重点校	立川	小論文		56%	33%
	戸山	小論文		58%	31%
	青山	小論文	昨年	57%	29%
	西	作文		60%	27%
	八王子東	小論文		64%	24%
	国立	小論文		53%	24%
	日比谷	小論文	昨年	63%	14%
進学指導特別推進校	小山台	小論文	昨年	67%	22%
	新宿	作文		67%	17%
	町田	小論文	昨年	69%	15%
	駒場	作文		77%	14%
	国分寺	作文		75%	8%
進学指導推進校	国際	小論文		50%	30%
	城東	小論文	今年	50%	25%
	豊多摩	作文	今年	60%	20%
	武蔵野北	作文	今年	60%	20%
	江戸川	作文	今年	67%	17%
	墨田川	小論文	今年	67%	17%
	江北	作文		69%	15%
	小金井北	作文	今年	69%	15%
	調布北	作文	今年	69%	15%
	竹早	作文	今年	70%	15%
	北園	作文		70%	15%
	三田	小論文	今年	64%	14%
	小松川	作文	今年	70%	10%
	日野台	作文	今年	80%	10%
中高一貫校	武蔵	小論文		63%	25%
	白鷗	作文		56%	22%
	両国	小論文	昨年	67%	22%
	南多摩	作文		70%	15%
	富士	作文	昨年	72%	14%
	大泉	作文	昨年	82%	9%

指定	学校名	導入した内容と決定年		合計点に占める割合 調査書	小論文又は作文
重点支援校	芦花	作文		56%	25%
	その他	作文		56%	25%
	王子総合	作文	昨年	60%	25%
	葛飾野	作文	今年	53%	24%
	上水	小論文		53%	24%
	成瀬	作文		60%	20%
	目黒	作文	今年	69%	15%
	石神井	作文	今年	69%	15%
	板橋有徳	作文	今年	69%	15%
	上野	作文	今年	70%	15%
	杉並総合	作文	今年	64%	14%
	永山	作文	今年	59%	13%
	武蔵丘	作文	今年	75%	13%
	淵江	作文	今年	60%	10%
	豊島	作文	今年	74%	10%
	調布南	作文	今年	64%	9%
その他	大泉桜	小論文		44%	33%
	田柄	作文		50%	30%
	東	小論文	今年	50%	30%
	田柄（コース）	作文		50%	30%
	大島海洋国際	小論文	昨年	56%	22%
	忍岡	作文		60%	20%
	深川	作文		60%	20%
	飛鳥	作文		60%	20%
	忍岡	作文		60%	20%
	深川（コース）	作文		54%	18%
	葛飾総合	作文		62%	17%
	小川	作文		60%	15%
	青梅総合	作文		71%	14%
	晴海総合	作文		65%	14%
	若葉総合	作文		67%	11%
	駒場（体育）	作文		26%	9%

す。ただし、今年の題は「次のことばについて、あなたが感じたり思ったりすることを六百字以内で述べなさい『発見とは識別であり選択である』（ポアンカレ）」でした。「小論文」よりずっと難しいと思いませんか。

14％と、重点校では「小論文」のウエイトが低いのが**日比谷**です。逆に高いのは、**立川**の33％でした。

調査書のウエイトが最も高いのは64％の**八王子東**。**日比谷**の63％も高く、低いのは53％の**国立**と、学校によって扱いの違いが大きいようです。

進学指導特別推進校では、「小論文」を採用した学校は**小山台**と**町田**だけ。進学指導重点校と比べると、「作文・小論文」のウエイトは低くなっています。

8％の**国分寺**は、「作文・小論文」を実施するすべての学校のなかで最低の値。調査書のウエイトが高いため、内申の高い受験生には有利です。

進学指導推進校では、すでに導入済みだった**国際**、**江北**、**北園**の3校のほかに、11校が新たに導入しました。「小論文」は、**三田**、**墨田川**、**城東**の3校。いずれも大学合格実績を向上させている学校です。

「小論文」のウエイトの最も高い**国際**は、実技点のある学校を除くと、実施校のなかで調査書のウエイトが最も小さくなっています。

逆に、「作文」のウエイトが10％と低い**日野台**は、調査書のウエイトが80％と、82％の**大泉**に次いで全校で2番目に高くなっています。

「小論文または作文」には、それなりに準備が必要です。都立第一志望のみなさんは、表の数字をよく見極め、「推薦」受験の可否を含めて、早めに作戦を練っておくべきでしょう。

文化・スポーツ等特別推薦

富士、**板橋有徳**、**深川**、**富士森**、が導入。**千歳丘**、**忍岡**、**南葛飾**、**杉並工業**が募集を停止しました。

推薦書に出身中学校長の公印を押す欄が加わりました。「中学校長の推薦を受けた者」という応募資格を明確にするためです。

資格を満たす推薦の条件が、学校外の活動の場合は、大会の成績等を証明する資料を中学校長に提出できるように、準備が必要です。

推薦枠と男女別緩和

「推薦」の枠は、**城東**など7校で縮小、**蒲田**など4校で拡大されましたが、変更による影響はほとんどないでしょう。

「一般」の男女別緩和は**江戸川**、**拝島**、**府中**の3校が導入。**田園調布**、**大森**、**足立**、**篠崎**、**富士森**、**羽村**、**保谷**、**東村山西**、**調布北**、**府中東**、**永山**の11校が廃止しました。

江戸川や**調布北**では、女子の最低ラインが上昇して厳しくなりそうです。

11月下旬から始まる中学校の三者面談では、志望校の名前を具体的に先生に伝えることになります。入試のルールや日程などを十分調べて、面談に臨めるようにしてください。

地域	学校名	指定等	推薦入試			一般入試			前年倍率		募集学級数		
			定員枠	作文,小論文,実技等	文化・スポーツ等特別	科目数と自校作成	特別選考	男女緩和	男子	女子	10年	11年	12年
旧1学区	日比谷	進学指導重点校	20%	小論文		自校作成	10		2.31	1.83	8	8	8
	小山台	進学指導特別推進校	20%	小論文		5			1.82	1.95	8	7	7
	三田	進学指導推進校	20%	小論文		5		○	2.09	2.36	7	6	6
	雪谷		25%		○	5		○	1.14	1.58	7	6	6
旧2学区	戸山	進学指導重点校	20%	小論文		自校作成	10		2.17	1.67	8	8	8
	青山	進学指導重点校	10%	小論文		自校作成			1.75	1.92	7	7	7
	国際	進学指導推進校	30%	小論文		英語自作			2.21		6	6	6
	新宿	進学指導特別推進校	20%	作文		自校作成			2.14		8	8	8
	駒場	進学指導特別推進校	20%	作文		5			1.94	1.93	8	7	7
	目黒	学力向上開拓推進校	20%	作文		5		○	1.30	1.47	7	6	6
旧3学区	西	進学指導重点校	20%	作文		自校作成	10		1.57	1.35	8	8	8
	大泉	併設型中高一貫	20%	作文		自校作成	10		1.34	1.29	5	5	5
	富士	併設型中高一貫	20%	作文	○	自校作成			1.27	1.35	5	5	5
	豊多摩	進学指導推進校	20%	作文	○	5			1.62	1.71	8	7	7
	井草		20%			5	10		1.22	1.55	7	7	7
	杉並		20%			5		○	1.46	1.92	8	7	7
旧4学区	竹早	進学指導推進校	20%	作文		5			1.57	2.26	7	6	6
	北園	進学指導推進校	20%	作文		5	10	○	1.25	1.57	8	8	8
	文京	学力向上開拓推進校	25%		○	5		○	1.40	2.05	8	8	8
	豊島		20%	作文	○	5		○	1.44	2.08	7	6	7
	向丘		20%		○	5		○	1.15	1.68	7	6	7
旧5学区	白鴎	併設型中高一貫	50%	作文		自校作成			1.89	1.37	2	2	2
	上野		20%	作文	○	5	10		1.44	1.72	8	8	8
	晴海総合	総合学科	40%	作文	○	3+作文			1.21		6	6	6
	江北	進学指導推進校	20%	作文		5			1.17	1.06	8	7	8
旧6学区	両国	併設型中高一貫	30%	小論文		自校作成	10		1.85	1.37	2	2	2
	小松川	進学指導推進校	20%	作文		5	10		1.50	1.38	8	8	8
	城東	進学指導推進校	20%	小論文	○	5			1.54	1.62	8	8	8
	墨田川	進学重視型単位制	20%	小論文	○	自校作成			1.36		8	8	8
	江戸川	進学指導推進校	25%	作文	○	5		○	1.16	1.35	8	7	8
	深川	学力向上開拓推進校	20%			5		○	1.38	1.71	6	5	6
旧7学区	八王子東	進学指導重点校	20%	小論文		自校作成			1.30	1.50	8	8	8
	南多摩	進学指導推進校・中等教育学校	20%	作文		5			1.20	1.43	4	4	4
	町田	進学指導特別推進校	20%	小論文		5	10		1.50	1.72	8	7	7
	日野台	進学指導推進校	20%	作文		5			1.63	1.55	8	7	8
	南平	学力向上開拓推進校	20%			5			1.48	1.53	8	7	8
	成瀬		20%	作文		5			1.26	1.24	7	7	7
	翔陽	単位制	40%			5	10		1.38		6	6	6
旧8学区	立川	進学指導重点校	20%	小論文		自校作成	10		1.65	1.70	8	8	8
	昭和	進学指導推進校	20%			5			1.13	1.21	8	7	7
	東大和南		25%		○	5			1.19	1.42	8	7	7
	上水	単位制・学力向上開拓推進校	50%	小論文	○	5	10		1.35		6	6	6
旧9学区	武蔵	併設型中高一貫	30%	小論文		自校作成			1.48	1.15	5	2	2
	国分寺	進学指導特別推進校	30%	作文		自校作成	10		2.07		8	8	8
	武蔵野北	進学指導推進校	20%	作文		5	10	○	1.75	2.19	6	6	6
	小金井北	進学指導推進校	20%	作文		5			1.66	1.95	7	6	6
	清瀬		20%		○	5			1.50	1.43	7	7	7
	小平		20%		○	5		○	1.55	2.16	6	5	5
	小平南	学力向上開拓推進校	20%		○	5			1.46	1.21	7	6	7
旧10学区	国立	進学指導重点校	20%	小論文		自校作成	10		1.52	1.42	8	8	8
	三鷹	進学指導推進校・中等教育学校	20%			5			1.65	1.35	4	4	4
	調布北	進学指導推進校	20%	作文		5		×	1.50	1.73	6	6	6
	狛江		20%			5			1.48	1.64	8	8	8
	神代		20%			5		○	1.05	1.28	8	7	7
	調布南		20%	作文		5			1.73	1.93	6	6	6

★推薦入試、一般入試の白抜き文字は来春から導入または変更する学校

安田は“ほんものの進学教育”を創ります

S特・特待入試 2月11日

入学金・施設設備費・原則3年間の授業料免除

国語・数学・英語の問題が、都立日比谷高校の自校作成問題に準拠した問題

◇日比谷高入試の直前模擬問題

得点開示 2月23日の日比谷高入試への到達度が確認できる

自ら考え学ぶ力をつけ、東大などの最難関国立大を目指すS特コース

1・2 年で行われる「探究」の授業では、自分なりの疑問を見つけ、それについて仮説を考え、検証をし、さらにまた新しい疑問が生まれ、探究を深めます。この過程が、知的好奇心や創造的思考力を育みます。

1 年次では、文系・理系のそれぞれの実際のテーマでのグループ探究を通し探究基礎力を習得、論文を作成します。2 年次には、それを英訳しシンガポールでの現地大学生にプレゼン、そのテーマについてディスカッションします。そしてこの基礎力をもとに個人でテーマを決めて探究、安田祭で発表します。

一方、自ら考え学ぶ力を伸ばすために、生徒が意欲的に考えることができるように工夫された授業が行われます。たとえば、答えるときにいつも理由を考え表現する習慣がつくように授業が展開されます。

それが探究での学びと融合することにより、「根拠をもって論理的に考え表現する力」が育ちます。

この力は、東大などの最難関国立大を目指すために必要になると同時に、将来社会人になったとき、自ら考え学びながら国際社会に貢献していく創造的学力のもとになります。

学ぶ充実感を味わいながら夢を実現する安田の進学指導

職業研究や大学の学部学科研究を通して将来の夢へ挑戦する意欲を育てる進路指導。2 年生 3 学期からは放課後 2 時間の進学講座、夏期・冬期講習、さらに入試直前のセンター、国公立 2 次、私大対策講座など進学のための情熱あふれる教師陣の懇切な学習指導。これらはどのコースでも実施され、自ら考え学ぶ創造的学力を伸ばし、その力をさらに伸ばす難関大学に進学を実現させます。

■ 平成24年度　生徒募集要項

	推薦入試			一般入試		S特 特待入試
	A推薦（単願）	B推薦（併願）都外生対象※		第1回（授業料減免試験）	第2回	
試験日	1月22日（日）			2月10日（金）	2月11日（土）	2月11日（土）
募集人員	S特コース	特進コース	進学コース	特進・進学コース	特進・進学コース	S特コース
	5名	18名	90名	特進18名・進学90名		15名
選考方法	適性検査（国語・数学・英語 各50分）調査書（公立統一用紙でも可）・面接（グループ）			学力試験（国語・数学・英語 各50分、英リスニング10分）調査書（公立統一用紙でも可）・面接（グループ）		

※都内生は第二志望（併願優遇）一般入試で受験

学校説明会

11月26日（土） 14:30～
12月 3日（土） 14:30～
12月10日（土） 10:00～

安田学園高等学校

〒130-8615 東京都墨田区横網2-2-25　TEL 03-3624-2666
http://www.yasuda.ed.jp/　E-mail nyushi@yasuda.ed.jp
入試広報室直通　TEL 0120-501-528　FAX 03-3624-2643

高校入試の基礎知識

志望校を決める最後のポイント
三者面談で自分の思いを伝えよう

そろそろ学校選びも最終局面です。通学している中学校で「三者面談」が始まったのではないでしょうか。三者面談は、公立高校を受けるにしろ、私立高校を受けるにしろ大切なポイントになります。中学校の担任の先生も真剣にあなたの進学・進路を考えてくれますので真摯に対応しましょう。

■三者面談の目的

高校3年生にとって、受験校を決める最後の局面「三者面談」の時期となりました。

三者面談というのは11月中旬～下旬に始まる面談で、通学している中学校の担任の先生、受験生、保護者の三者が、志望校を決めるために話しあうものです。

なぜ11月に三者面談があるのでしょうか。それは、12月中旬に私立高校の入試相談があるからです。

私立高校の推薦入試（一般入試の公立併願優遇も含む）では、事前に成績の合格基準が示されています。

そこで、その基準をもとに、その学校に合格できるかどうかを、事前に私立高校側と中学校の先生が話しあう場が、12月なかばの入試相談（事前相談）です。中学校ではこの時期、12月の私立高校入試相談に向けて、自らの中学校の「どの生徒」が「どの私立高校」を受験するのかをリストアップしていきます。

そのための最終確認が三者面談なのです。

ただし、埼玉県ではこの中学校を巻き込んでの入試相談は行われません。ですから埼玉県では、保護者・受験生が、私立の学校説明会や進路相談会と呼ばれるイベントに臨んで自分で入試相談をします。

しかし、埼玉県でも中学校での三者面談は行われます。内申点や10月初めの模擬試験などをもとに学校の先生が相談に乗ってくれます。「公立高校ならどこを受ければいいか」「私立高校ならここと ここが受けられる」などとお話ししてくれます。それを参考にし、進学塾の先生とも相談して決めた私立高校の入試相談に出かけていけばよいわけです。

さて、東京都、神奈川県、千葉県の三者面談に話を戻します。

とくに初めての受験生をお持ちの場合には、わからないことも多くあるでしょう。三者面談は、高校受験についてわからないことなどを、直接、中学校の先生に聞くことができますので、おおいに利用すべきですし、大事にしましょう。

受験生とはいえ、保護者は実際のところ、子どもの成績を確実に把握している自信はないのではないでしょうか。中学校の先生は、もちろん把握していますし、高校のこともよく知っています。高校受験をする高校がなかなか決まらないという場合も頼りになる存在です。

三者面談で担任の先生は、志望

校の有無、第一志望は公立か、私立かなど、おおまかな希望を聞くことから始めます。もし、ここにきても、どうしても志望校が決まらない、という場合でも、三者面談を先延ばしにするわけにはいきません。率直に相談してみるといいでしょう。

　進学塾に通っていれば、すでに塾の先生と相談されて志望校が決まっていると思います。その志望校をメモしておいて、三者面談で示すようにすればスムースに話が進みます。

　「公立はA校かB校、私立はC校かD校……、E校も考えています」などと候補校をメモにしておき、先生にもお見せします。志望校を伝えるときは、その学校に行ってなにをしたいかなど「熱い思い」をお話しすることも大切です。

　とにかく、あとで後悔しないように、「言いたいことは言う、尋ねたいことは尋ねる」姿勢で臨みましょう。学校の先生だからといって、遠慮しないでとことん話し合ってきてください。

■三者面談の注意点

　次に三者面談の内容について考えてみます。

　私立高校には、「学力試験で合否を決める学校」と「入試相談で合否をほぼ決める学校」の2種類があります。入試相談で合否を決める学校ということは、内申で合否を決める学校と言い換えることもできます。

　前者は、推薦入試での定員が少ない難関校、上位校です。後者には残る大半の私立高校が入ります。

　ですから、ほとんどの私立高校の入試は、じつは12月中旬の「入試相談」の段階で決まってしまうと言っても過言ではありません。

　さて、このような入試相談の内容から、注意してほしいことがあります。

　それは三者面談が「安全志向」に走る傾向があるということです。

　中学校の先生が、三者面談で最も力点をおくのは「その年度の卒業生全員を確実に高校に進学させる」ことです。

　ですから、中学校の三者面談では、「入試相談のある学校」を「安全校」として強くすすめられます。入試相談で私立高校側から「大丈夫です」と言ってもらえれば、ほぼ合格が約束されますから、受験生・先生ともに安心して受験に臨めるからです。

　結果として、ほとんどの生徒が入試相談を利用し、安全校を確保することになります。

　私立高校2校の推薦入試を受けることはできませんが、公立高校との併願は認める学校が多くあります。一般入試でも公立高校との併願を認める学校があります（併願優遇制度）。この場合も中学校の先生に入試相談で話しておいてもらわなければなりません。

　これら併願を含めて、中学校の先生は、三者面談で「安全校を決めること」に力を注ぎます。

　このように、三者面談では中学校の先生は、どうしても「安全志向」となります。その最たるものが「単願推薦」です。

■単願推薦をすすめられたら

「高校に合格したい」という意味では、中学校の先生と受験生の希望は一致しているのに、三者面談では、受験生と先生との間に目標の差が出てしまうことがあります。

前述したように、三者面談での先生の目標は「このクラス全員を、そして学年全員をどこかの高校に合格させること」です。

ところが受験生の希望は「志望校に合格する」ことであるのに対して、先生の考えは、あえて言えば「どこでもいいから合格させる」ことにあります。ですから、先生は本人の希望よりも、「いかに合格しやすいか」という点を重視して三者面談に臨むわけです。

その最たるものが、私立高校の「単願（専願）推薦」です。

単願推薦でも学力試験のある学校があります。それはごく一部の私立難関校で、それを除くほとんどの私立高校の単願推薦は、中学校の先生との入試相談で受けることが決まれば「合格」です。

ただし、受験するのは「その学校のみ」ということになり、公立にしろ私立にしろほかの学校は受けられません。

中学校の先生にとって「単願推薦」での受験は、「確実な合格」と「最小限の受験校数」の2つを同時に実現する制度なのです。受験生にとっても、とてもよい制度のように思えます。その時点で受験勉強から解放されるからです。

受験が現実のものとなってくる11月～12月、受験生はなかなか成果の出ない受験勉強に焦り、プレッシャーを感じています。

「単願推薦」受諾は、その悩みを解消してくれるマジックです。中学校の先生から提案されれば、ついつい受けてしまいそうになるものです。

しかし、多くの場合、「単願推薦」で合格を約束してもらえる学校は、自分の本来の志望より一段レベルが落ちる学校です。

まだまだ、受験の2月までは実力は伸び続けるのに、いま、安易に走るのは考えものです。

もし三者面談で、学校の先生から「単願」の話が出たら、安易に飛びつく必要はありません。「もう少し考えさせてください」とすぐには決めずに、自分はその高校に進学することで「いままでやってきたのはなんだったのか」「本当にその学校で満足なのか」をよく考え、塾の先生にも相談してみることです。

三者面談で最も大切なことは、「自分はどこの高校に行きたいのか」を、はっきりと先生に伝えることです。

とくに第一志望の学校については、自分の気持ちを強く伝えましょう。

そのうえで「私立高校の合格基準」と「現時点での成績」を基に先生はアドバイスしてくれるはずです。中学校の先生と受験生は対立関係にあるわけではありません。学校選択に悩むようなら、先生がすすめる学校のなかから選択するのがよいでしょう。

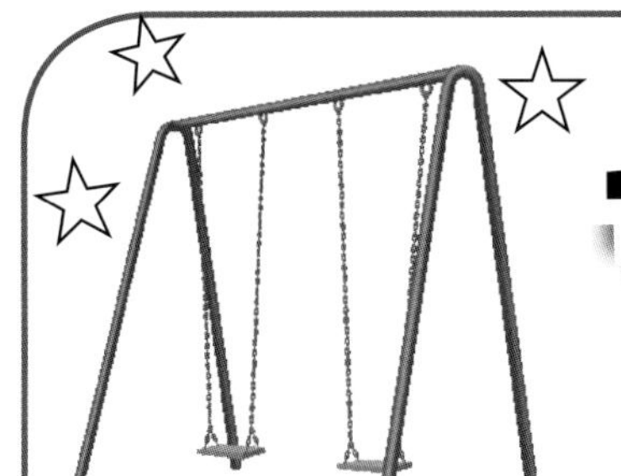

サクセス広場

お便りコーナー

文化祭でのハプニング

お化け屋敷をしたんですが、来てくれた同級生の1人が**ビビりまくって逃げまわり、**あげくに窓ガラスにぶつかって割っちゃったので、その場で中止になってしまいました。あんなに逃げなくてもいいのに…。(中2・Y・Oさん)

部活でお菓子を作って販売したら、あまりの**人気ですぐに完売になり、やることがなくなった。**
(中2・うきうきクッキングさん)

来場客の連れてきた犬が迷子になり、みんなで捜した。かくれんぼをしている感じで楽しかった。
(中3・犬ひろしさん)

吹奏楽部の発表のときに、最後の曲で**指揮者の先生が仮装して出てきてびっくり！** 部員にも知らされていなかったので、笑いをこらえながら演奏するのが大変でした…。(中3・N・Nさん)

劇の最中に、**大道具の木が倒れてきて焦った。**風が強く吹くという場面だったので、主役の男子がアドリブで「木まで倒れてくるぞ。なんて風だ」とかなんとか言ってどうにか切り抜けました…(中3・私は大道具さん)

一番好きな鍋は？

鶏肉の水炊きです。シンプルだけどおいしいので、好きすぎて夏にも作ってもらってます。
(中3・ミズタッキーと翼さん)

寄せ鍋！！ 実家は冬になるとよくでます。なぜかと言うと、母親が料理をしなくてすむ簡単な料理だからです。でもおいし〜。
(中3・回鍋肉さん)

キムチ鍋！ 辛いものが好きなので、やっぱりこれが好きです!
(中2･うみさん)

ちゃんこ鍋です。父親が昔、お相撲さんだったから、冬になるとよく作ってくれます。塩、醤油、味噌味といろいろな味があり、どれもおいしいです。
(中3・鍋奉行さん)

私は**おでんが一番好き**です☆寒ーい夜にコンビニに寄って食べるのがサイコーです!!(中2・みっちゃんさん)

おばあちゃんの家で食べる**きりたんぽ鍋**です。田舎の味って感じがすごく好きです。お母さんじゃ、あの味が出ないんですよね。
(中1・ONさん)

テストでしちゃったこんなミス

英語の模試で0点取りました！ 開始早々寝てしまいチャイムで目覚めました。あのときはよだれも出るくらい疲れてた…。
(中3・睡眠打破さん)

社会の定期テストで、**間違った範囲を勉強してしまい、**散々な結果になってしまいました。
(中2・KARAKARAさん)

「ア〜コの記号で答えなさい」という問題なのに、**なぜか「セ」と書いた。**どうしてそうなったのかまったく覚えていない。
(中3・ココアさん)

消しゴムを忘れて直せませんでした。消しゴムがないとわかったときはめっちゃ焦りました。
(中1・あっちゃん大好きさん)

【募集中のテーマ】

『お正月の思い出』
これが我が家のお正月！

『2012年に挑戦したいこと』
来年はアレコレしちゃいます!

『登下校時のハプニング』
わいわい楽しい通学路!

応募〆切 2011年12月15日必着

必須記入事項
A、テーマ、その理由
B、住所
C、氏名
D、学年
E、ご意見、ご感想など

ハガキ、FAX、メールを下記までどしどしお寄せください！
住所・氏名は正しく書いてください!!
ペンネームは氏名のうしろに( )で書いてネ！
【例】サク山太郎（サクちゃん）

〒101-0047　東京都千代田区内神田2-4-2
グローバル教育出版　サクセス編集室
FAX：03-3253-5945
e-mail:success15@g-ap.com

掲載にあたり一部文章を整理することもございます。
個人情報については、図書カードのお届けにのみ使用し、その他の目的では使用いたしません。

掲載されたかたには抽選で図書カードをお届けします！

ケータイから上のQRコードを読み取り、メールすることもできます。

● 十文字高等学校

【問題】

右の図のように，正四角錐O－ABCDに，底面が１辺４cmの正方形で高さが $2\sqrt{2}$ cmの直方体EFGH－IJKLが内接している。点E，F，G，Hはそれぞれ線分OA，OB，OC，ODの中点であるとき，次の問いに答えよ。

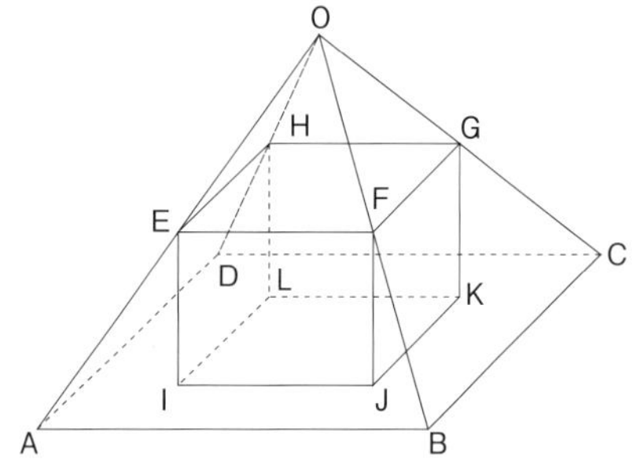

（１）対角線ACの長さを求めよ。

（２）線分OAの長さを求めよ。

（３）点Aから線分OB上の点Mを通り点Cまで線を引くとき，AM＋MCの最小の長さを求めよ。

解：（1）$8\sqrt{2}$ (cm)　（2）8cm　（3）$8\sqrt{3}$ (cm)

東京都豊島区北大塚1-10-33
JR線・都営三田線「巣鴨」、JR線・都電荒川線「大塚」徒歩5分
TEL：03-3918-0511
http://www.jumonji-u.ac.jp/high/

● 日本大学第三高等学校

【問題】

次の(　)内の語を日本語の意味に合うように並べかえ、３番目と６番目に来る語(句)の記号を答えなさい。ただし、文頭に来る語も小文字になっているので注意すること。

（１）日本製の車は世界中で使用されています。
（ア are　イ made　ウ cars　エ Japan　オ all　カ in　キ over　ク used　）the world.

（２）京都は日本で最も古い都市の一つです。
（ア the　イ one　ウ cities　エ Kyoto　オ in　カ is　キ of　ク oldest　）Japan.

（３）あなたはどのような洋服を探していますか。
（ア looking　イ clothes　ウ what　エ for　オ you　カ are　キ kind　ク of　）?

（４）先生は生徒たちに騒がないようにと言いました。
（ア not　イ told　ウ to　エ students　オ the teacher　カ the　キ make　ク noise　）.

（５）駅まで乗せていってくれますか。
（アride　イ have　ウ I　エ may　オ the　カ a　キ to　ク station　）?

解：(1) カ、ク　(2) イ、ク　(3) ク、オ　(4) カ、ウ　(5) イ、キ

東京都町田市図師町11-2375
JR横浜線「町田」「淵野辺」・京王相模原線、多摩都市モノレール線「多摩センター」バス
TEL：042-793-2123
http://www.nichidai3.ed.jp/

学校説明会
12月３日（土）13：45～

● 平塚学園高等学校

神奈川県平塚市高浜台31-19
JR東海道線「平塚」徒歩15分
TEL：0463-22-0137
http://www.hiragaku.ac.jp/

学校見学会 ※要予約
11月25日（金）16：30～
12月１日（木）16：30～
12月６日（火）16：30～
12月９日（金）16：30～

学校説明会 ※予約不要
11月19日（土）
対象地域：平塚、中郡　10：00～
藤沢、鎌倉、横浜、寒川　14：30～
11月20日（日）
対象地域：茅ヶ崎、県西、伊勢原、秦野、大和、海老名、その他　10：00～

【問題】

右図のように１辺の長さが４の正八角形があり、辺ＡＨ上にＡＩ＝１となる点Ｉを、辺ＥＦ上にＥＪ＝$\sqrt{2}$となる点Ｊをとり、線分ＩＪと線分ＥＨの交点をＫとする。また、点Ｊから線分ＥＨに下ろした垂線と線分ＥＨとの交点をＬとする。このとき次の問いに答えよ。

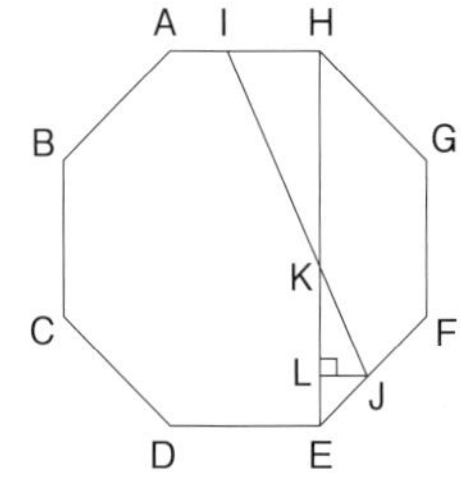

（１）線分ＥＨの長さを求めよ。
（２）四角形ＥＦＧＨの面積を求めよ。
（３）線分ＫＬの長さを求めよ。
（４）五角形ＩＪＦＧＨの面積を求めよ。

解：（1）$4+4\sqrt{2}$　（2）$8+8\sqrt{2}$　（3）$\frac{3}{4}+\sqrt{2}$　（4）$\frac{21}{2}+12\sqrt{2}$

私立高校の入試問題に挑戦!!

● 横須賀学院高等学校

神奈川県横須賀市稲岡町82
京浜急行線「横須賀中央」徒歩10分
TEL：046-822-3218
http://www.yokosukagakuin.ac.jp/

学校案内日
11月26日（土）10：00～11：30
13：30～15：00
12月３日（土）13：30～15：00
12月10日（土）10：00～11：30

【問題】

右図のように１辺の長さが６cmの立方体の対角線をつないで，正四面体ＦＡＣＨをつくる。点Ｐ，Ｑ，Ｒは同時に点Ａを出発し，点Ｐは辺ＡＣ上を毎秒$3\sqrt{2}$ cmの速さで，点Ｑは辺ＡＨ上を毎秒$2\sqrt{2}$ cmの速さで，点Ｒは辺ＡＦ上を毎秒$\sqrt{2}$ cmの速さで往復移動をする。このとき，次の問いに答えよ。

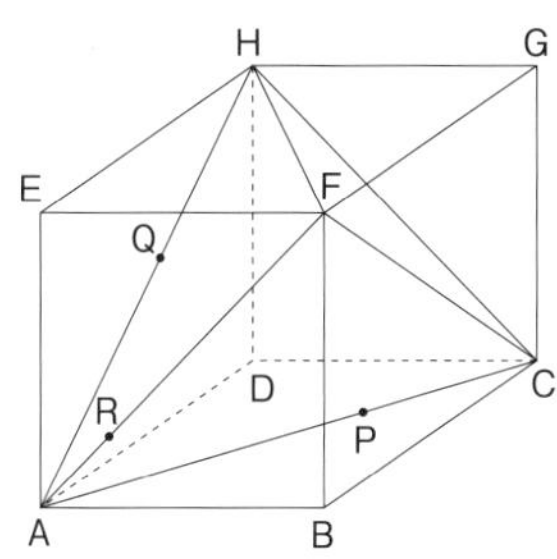

（１）三角すいＦＡＢＣの体積を求めよ。
（２）正四面体ＦＡＣＨの体積を求めよ。
（３）点Ｐ，Ｑが点Ａを出発してから，はじめて点Ａで重なるのは，出発してから何秒後か。
（４）点Ｐ，Ｑ，Ｒが点Ａを出発してから，３秒後にできる三角すいＡＰＱＲの体積を求めよ。（途中経過を示せ。）

解：（1）36cm^3　（2）72cm^3　（3）12秒後　（4）18cm^3

中学生のための学習パズル

問題

Q 漢字ボナンザグラム

空いているマスに漢字を入れて三字・四字熟語を完成させてください。ただし、同じ番号のマスには同じ漢字が入ります。最後に［　　］に入る四字熟語を答えてください。

7	16	13	1

10	14	晩	5
15	6	10	名
7	11	7	色
12	界	10	15
空	9	8	解
10	願	5	就
16	9	行	3

17	衆	6
8	度	14
理	3	6
雪	17	15
16	月	1
7	11	並
光	17	5
13	10	3

13	12	13	2
1	曜	10	工
総	17	10	学
12	2	交	2
4	8	4	厘
石	14	時	2
11	海	15	術
7	9	八	4

【チェック表】

1	2	3	4	5

6	7	8	9	10

11	12	13	14	15

16	17

★必須記入事項

01.クイズの答え
02.住所
03.氏名（フリガナ）
04.学年
05.年齢
06.アンケート解答

◎すべての項目にお答えのうえ、ご応募ください。
◎ハガキ・FAX・e-mailのいずれかでご応募ください。
◎正解者のなかから抽選で3名のかたに図書カードをプレゼントいたします。
◎当選者の発表は本誌2012年2月号誌上の予定です。

★下記のアンケートにお答えください

A.今月号でおもしろかった記事とその理由
B.今後、特集してほしい企画
C.今後、取りあげてほしい高校など
D.その他、本誌をお読みになっての感想

◆2011年12月15日（当日消印有効）

◆あて先
〒101-0047　東京都千代田区内神田2-4-2
グローバル教育出版　サクセス編集室
FAX:03-3253-5945
e-mail:success15@g-ap.com

10月号の答え

Q ワードサーチ(単語探し)　A sincere

(誠実な、真摯な)

問題

リストにある英単語を、下の枠のなかから探し出すパズルです。

パズルを楽しみながら、人の性格を表す単語を覚えましょう。

単語は、例のようにタテ・ヨコ・ナナメの方向に一直線にたどってください。下から上、右から左へと読む場合もあります。また、1つの文字が2回以上使われていることもあります。最後に、リストのなかにあって、枠のなかにない単語が1つだけありますので、それを答えてください。

E	I	C	N	I	S	T	A	N	D	T	E
V	F	H	G	E	N	E	R	O	U	S	L
I	P	O	D	J	R	H	E	V	N	E	Y
T	N	S	A	L	S	V	X	A	C	N	P
A	M	T	K	I	I	S	O	N	V	O	Y
E	V	E	E	T	A	W	I	U	K	H	A
R	V	F	C	L	C	S	A	B	S	I	H
C	R	A	A	M	L	E	T	I	L	O	P
S	Y	E	R	C	E	I	E	U	T	X	E
T	O	T	E	B	V	O	G	I	P	H	K
H	S	I	F	L	E	S	O	E	L	I	B
I	B	O	U	S	R	C	A	I	N	T	D
Z	A	P	L	W	O	R	L	D	O	T	Q

【単語リスト】

- active【例】(行動的な、活動的な)
- brave(勇敢な、勇ましい)
- careful(注意深い、慎重な)
- clever(利口な、頭がよい)
- creative(創造的な、想像力に富む)
- generous(気前のよい、寛大な)
- honest(正直な、誠実な)
- intelligent(理解力のある、聡明な)
- kind(親切な、優しい)
- nervous(神経質な、あがる)
- polite(丁寧な、礼儀正しい)
- selfish(利己的な、自分本位の)
- shy(内気な、恥ずかしがりの)
- sincere(誠実な、真摯な)
- stupid(馬鹿な、愚かな)
- wild(野生的な、乱暴な)

解説

その他の単語は、下のような位置に隠されています。

E	I	C	N	I	S	T	A	N	D	T	E
V	F	H	G	E	N	E	R	O	U	S	L
I	P	O	D	J	R	H	E	V	N	E	Y
T	N	S	A	L	S	V	X	A	C	N	P
A	M	T	K	I	I	S	O	N	V	O	Y
E	V	E	E	T	A	W	I	U	K	H	A
R	V	F	C	L	C	S	A	B	S	I	H
C	R	A	A	M	L	E	T	I	L	O	P
S	Y	E	R	C	E	I	E	U	T	X	E
T	O	T	E	B	V	O	G	I	P	H	K
H	S	I	F	L	E	S	O	E	L	I	B
I	B	O	U	S	R	C	A	I	N	T	D
Z	A	P	L	W	O	R	L	D	O	T	Q

「性格」の意味を表す英単語には、character、personality などがあります。character は、もともと人やものの「特徴」を意味しますが、劇や小説の「登場人物」や「文字」という意味もありますね。personality は、その人の人柄・味わいなど、他の人と区別される「個性」としての性格を言います。

顔かたちが人それぞれ違うように、人の性格もさまざま。「十人十色」は、この意味を表す四字熟語ですが、英語では次のようなことわざがあります。

So many men, so many minds.「人の数だけ心は違う」

多くの人とコミュニケーション(communication)を取り合うためには、こうした人の「性格」や「個性」の違いを互いに認めあうことが大切なのだと思います。

10月号学習パズル当選者(全正解者203名)

★池田　達哉くん(東京都港区／中3)
★田村理紗子さん(東京都世田谷区／中1)
★嶋　玲奈さん(神奈川県横浜市／中1)

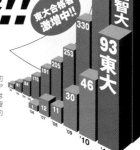

医学部へ一人ひとりをナビゲート!

40年にも及ぶ医学部入試研究から蓄積されたデータを基に
エキスパート講師が最新の入試傾向を的確に分析し作成するオリジナル模試。

医学部合否判定模試

高3・高卒対象 11/23(祝) 10:00～16:10

Point 1 過去の問題を徹底分析。出題されるのはすべて新作問題!
医歯薬系大学の入試問題を徹底的に分析。最新の傾向を調べた新しいオリジナル問題を、工夫された問題形式で出題しています。

Point 2 成績表の個別アドバイスで、成績向上の指針が分かる!
採点者が実際の答案を見て感じたことや弱点などを、個人成績表に添付。勉強の指針となるアドバイスを個別に行っています。

Point 3 大学ごとに入試科目と配点を考慮。合格可能性の判定が正確!
合否判定をより正確にするために、各科目の弱点を配点別に加算。それぞれの偏差値を算出し、明記していることも大きな特長です。

Point 4 結果が分かるまで約2週間。採点・返却が迅速!
「クルゼ模試」の大きな特長は、結果が分かるまでが非常に速いこと。得点集計から個人別成績表完成まで、約2週間で結果が分かります。

同時開催

高3・高卒対象 **医学部入試直前個別カウンセリング** 13:00～17:00
志望校の選定や、秋以降の勉強方法など、入試直前期の受験生または保護者の方の悩みに、進路指導のエキスパートスタッフがお答えします。

高1・高2対象 **医学部必勝説明会／選抜テスト**
最難関医学部を目指すライバルだけが集い「競い合う空間」、医学部必勝講座。12月生申込受付中。

■タイムスケジュール

高3・高卒対象	医学部合否判定模試	10:00～16:10
高3・高卒対象	医学部入試直前　個別カウンセリング	13:00～17:00
高1・高2対象	医学部必勝説明会	13:00～14:30
高1・高2対象	医学部必勝講座　選抜テスト	13:00～14:45
高3対象	医学部必勝講座　選抜テスト	10:00～16:10

17日間250時間超の特訓で冬からの逆転合格!

都内ホテル合宿特訓

12/22(木)～正月返上～1/7(土)

Point 1 1講座6名の徹底少人数・講師が弱点を見抜いて効果的に指導!

Point 2 朝8:30から夜12:30まで、講師がつきっきりで本気の指導!

Point 3 17日間250時間を超える学習量で、得点力と入試への自身をつける。

冬期通塾講座 高3 高卒 12/25(日)～1/7(土)　高1 高2 12/24(土)～27(火)、1/2(祝)～5(木)

医学部の入試問題は大学によって全く異なるから

志望校別対策なら 個別指導 メディカル・ウィン MEDICAL WIN 開講!

医学部受験指導20年超の講師陣 **東大系ベテラン講師** × 過去の傾向から最新の分析まで **志望大学 過去問題** × 志望校との溝を効果的に埋める **1対1個別指導** × 医学部受験指導42年の伝統 **大学別 入試情報**

医学部の推薦・AO入試の小論文・面接対策もおまかせ下さい。

医系小論文の最重要項目を全て解説します!

医学部小論文講座

入学願書の書き方や志望理由のまとめ方なども丁寧に指導

1ヶ月3回　月曜日19:15～20:45

11/14	11/21	11/28
耐性菌	医の倫理	医師不足

30年にわたり医学部の小論文指導を行っている杉原講師が医学部に合格する小論文の書き方から最新の医療事項の解説添削指導まで行います。なお、講座時間がご都合に合わない場合は個別指導での対応も可能です。

小論文担当・英語科主任
杉原 整講師

高校生対象 夢！クルゼでつかめ！医学部現役合格

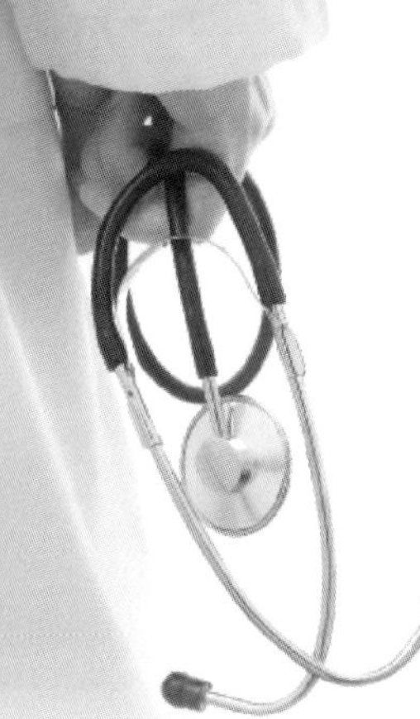

2011年合格実績 **昨年度に続き、医学部合格者数増**

医学部完全合格70名!!

歯学部21名／薬学部10名

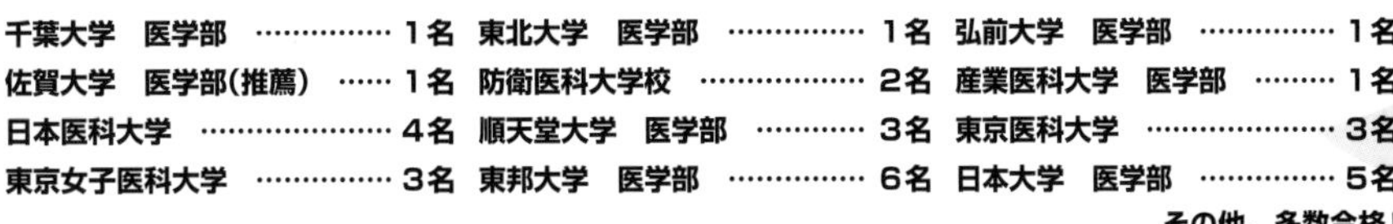

千葉大学 医学部	1名	東北大学 医学部	1名	弘前大学 医学部	1名
佐賀大学 医学部(推薦)	1名	防衛医科大学校	2名	産業医科大学 医学部	1名
日本医科大学	4名	順天堂大学 医学部	3名	東京医科大学	3名
東京女子医科大学	3名	東邦大学 医学部	6名	日本大学 医学部	5名

その他、多数合格！

医学部受験専門エキスパート講師が生徒が解けるまでつきっきりで指導する！
だから最難関の医学部にも現役合格できる！

■野田クルゼの6つの特長

Point 1 一人ひとりを徹底把握 目の行き届く少人数指導

野田クルゼは、40年間少人数指導を貫いてきました。医学部に合格させるために最も効果的な指導が行えるからです。講義は平均人数10～15名程度の少人数で行われます。生徒別の成績の把握、そしてさらに向上させるための個別の指示も可能な人数です。大手予備校には決して真似の出来ない細やかな対応が野田クルゼなら出来ます。徹底的に無駄を省ける少人数指導だからこそ、大学受験の最難関である医学部への逆転合格も実現できるのです。

Point 2 医学部専門の 復習型の授業

野田クルゼの授業は、丁寧な「導入」からスタートする復習型の授業です。そして全員の理解を確認しながら「類題演習」に入り、短時間で高度な内容まで踏み込みます。担当講師は、毎回の授業で演習の出来具合から生徒の理解度を確認し、毎月一度授業内で実施する「月例テスト」によって単元ごとの理解度・知識事項の漏れを再度チェックします。初めて学習するカリキュラムでも完全定着させていきます。

※英語読解に限り、より学習効果を高めるために予習を奨励しています。

Point 3 受験のエキスパート 東大系主力講師陣

クルゼには生徒が信頼できる講師陣がいます。東大医学部をはじめ超一流大学出身であるクルゼの講師は、自らが難関を制した経験を持つ受験のエキスパート。医学部合格に必要な項目を的確に捉えた無駄のない指導だから、短期間で得点力を向上させます。他の予備校には見られない徹底的な面倒見の良さは、受験生の指導を単に仕事として行うのではなく、人生の先輩として指導し、結果として合格へと導きたいという熱い気持ちから生まれるものです。

Point 4 医学部専門の復習型の授業 オリジナルテキスト

全国の精鋭が集い熾烈を極める医学部入試においては、1問の差が合否を分けます。その得点力向上を支えるのがクルゼのオリジナルテキストと言えます。長年の経験を誇る講師陣が膨大な過去問と最新の入試問題を徹底的に分析して、良問を選び抜いたテキストは合格への道しるべになります。実際に出題された問題が中心となりますから、生徒のみなさんの興味・やる気を引き出すことにもつながります。

Point 5 いつでも先生が対応してくれる 充実の質問対応と個別指導

現役合格には、クルゼの学習と高校の学習の両立も非常に大切です。クルゼにおける授業内容だけではなく、学校の定期試験へ向けた準備のための質問も対応します。受付カウンターは、来客応対のためだけではなく、生徒からの質問を気軽に受け付ける場所でもあります。また、じっくりと時間をかけて指導を受けたい生徒向けに医学部専門個別指導メディカル1も準備しています。学校の定期試験へ向けた普段受講していない科目への対応から、受験本番へ備えた苦手科目の克服まで、クルゼの精鋭講師陣がつきっきりで指導します。

Point 6 推薦・AO入試も完全対応 経験に基づく万全の進路指導

医学部現役合格を狙うためには、一般入試の他に推薦入試やAO入試も視野に入れた対策を行う必要があります。野田クルゼ現役校では、医学部受験専門の教務スタッフが各自の学力や性格などを総合的に判断しながら一人ひとりに最適な入試対策を行います。また、医学部入試で重要視される面接試験や適性試験などは具体的な試験内容が一般に公開されていないものがほとんどです。野田クルゼ現役校では医学部専門予備校として蓄積された様々なデータをもとに対策を行っていきます。

早稲田アカデミー教育グループ
医歯薬専門予備校
野田クルゼ
〈御茶ノ水〉

野田クルゼの資料請求・お問い合わせはお気軽にこちらへ

現役校 Tel 03-3233-6911(代) Fax 03-3233-6922 受付時間 13:00～22:00

本　校 Tel 03-3233-7311(代) Fax 03-3233-7312 受付時間 9:00～18:00

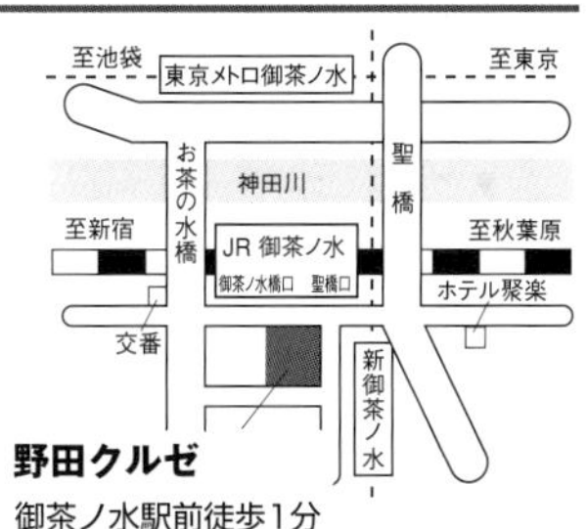

野田クルゼ
御茶ノ水駅前徒歩1分

野田クルゼの最新情報はホームページでもご確認いただけます。 野田クルゼ 検索

サクセス イベント スケジュール

11月～12月

世間で注目のイベントを紹介。

サイエンスアゴラ2011
日本科学未来館、産業技術総合研究所 臨海副都心センター、東京都立産業技術研究センターほか
11月18日(金)～20日(日)

科学と社会をつなぐ 科学コミュニケーション広場

科学について考え、科学を楽しむイベント・「サイエンスアゴラ」は2006年から毎年開催され、今年で6回目を数える。実験教室やサイエンスショー、ワークショップやシンポジウムなど、今年もサイエンスを取り巻くさまざまな催し・企画は180以上。今年のテーマは「新たな科学のタネをまこう－震災からの再生をめざして」。科学を通じて、科学に触れ、科学への発見ができるイベントだ。

中央区商店街連合会60周年記念「宝探しゲーム」
中央区内
10月3日(月)～11月30日(水)

東京のど真ん中でトレジャーハンティング！

東京都中央区の商店街連合会が60周年を記念して行っている宝探しイベント。区役所などで「秘密の地図」を入手して、宝箱を探そう！ 6カ所ある宝箱のうち3カ所以上発見できると第2ステージに進むことができる。第2ステージでは区内に隠された手がかりから宝のありかを見つけ出す。豪華賞品も用意されている。まだまだチャンスはあるぞ！ 友だちみんなでトレジャーハンティングを楽しもう！

カピバラフェスタ
埼玉県こども動物自然公園
11月27日(日)

カピバラが主役の年に1度のカピバライベント！

世界最大のネズミの仲間であるカピバラ。ボーっとした表情で温泉に入っている姿が愛らしい。「埼玉県こども動物自然公園」でも11月19日から大人気のカピバラ温泉も始まり、11月27日にはカピバラが主役のイベントが開かれる。当日はカピバラフォトコンテストで応募された写真が会場に掲示されたり、クイズラリー、園長や飼育係のカピバラガイドなどカピバラ好きにはたまらないイベントとなっている。

第62回駒場祭
東京大学駒場キャンパス
11月25日(金)～27日(日)

日本一の大学・東大の学園祭に行ってみよう！

大学受験はまだ先のこと。でも、将来的に大学に行こうと考えてる人も多いはず。高校受験も大切だけど、その先の大学をいま見ておくと、受験のモチベーションがきっともっとあがる。この時期は多くの大学で学園祭が開かれているけれど、行くならやっぱり最高学府の東大だ！ 大学1、2年生が中心となり、参加企画数は400以上。毎年約10万人もの人が訪れる最大級の学園祭だ。

＜コーナー名＞

ア行
秋の学校・教育フェスティバル…… 6
あれも日本語、これも日本語…… 53
宇津城センセの受験よもやま話… 46
英語ことわざ辞典………………… 52

カ行
教室を飛び出して楽しく学ぼう！… 16
高校受験ここが知りたいQ&A … 65
高校入試の基礎知識……………… 82
公立CLOSE UP ………………… 76

サ行
サクセスイベントスケジュール… 94
サクセスシネマ…………………… 67
サクセス書評……………………… 70
サクセス広場……………………… 85
サクセスランキング……………… 69
サクニュー!! ……………………… 63
15歳の考現学 …………………… 72
私立INSIDE ……………………… 74
私立高校の入試問題に挑戦……… 86
SCHOOL EXPRESS …………… 22
School Navi ……………………… 28
世界の先端技術…………………… 61

タ行
大学ナビゲーター………………… 58
楽しみmath数学! DX …………… 50
中学生のための学習パズル……… 88
東大入試突破への現国の習慣…… 48
東大への近道……………………… 20

ハ行
Focus ON 公立高校……………… 32

マ行
正尾佐の高校受験指南書………… 45
ミステリーハンターQの
歴男・歴女養成講座…………… 37
みんなの数学広場………………… 54
よくわかる推薦入試……………… 8

ワ行
和田式教育的指導………………… 38

＜本文中記事＞

ア行
足立高（都立）…………………… 79
アレセイア湘南高………………… 74
郁文館グローバル高……………… 21
郁文館高…………………………… 21
板橋有徳高（都立）……………… 78
上野高（都立）…………………… 78
江戸川高（都立）………………… 78
桜美林高…………………………… 75
大泉高（都立）…………………… 79
大楠高（県立）…………………… 10
大宮高（県立）…………………… 32
大森高（都立）…………………… 79

カ行
開成高……………………………… 45
開智高……………………………… 30
春日部共栄高……………………… 26
葛飾野高（都立）………………… 78
神奈川学園高……………………… 74
鎌倉学園高………………………… 75
鎌倉女子大学高等部……………… 74
蒲田高（都立）…………………… 79
釜利谷高（県立）………………… 10
北園高（都立）…………………… 79
共立女子第二高…………………… 7
錦城高……………………………… 27
慶應義塾大………………………… 58
京華高……………………………… 表2
京華商業高………………………… 表2
京華女子高………………………… 表2
佼成学園高………………………… 72
江北高（都立）…………………… 78
小金井北高（都立）……………… 78
国際高（都立）…………………… 79
国分寺高（都立）………………… 79
駒込高……………………………… 83
駒澤大学高………………………… 29
小松川高（都立）………………… 78
小山台高（都立）………………… 78

サ行
埼玉栄高…………………………… 77
3学期制 …………………………… 23
篠崎高（都立）…………………… 79
忍岡高（都立）…………………… 79
石神井高（都立）………………… 78
週6日制 …………………………… 23
十文字高…………………………… 86
順天高……………………………… 66
城東高（都立）…………………… 78
湘南学院高………………………… 74
湘南工科大学附属高……………… 74
新宿高（都立）…………………… 51
推薦入試…………………………… 8
杉並学院高………………………… 79
杉並工業高（都立）……………… 79
杉並総合高（都立）……………… 78
墨田川高（都立）………………… 78
西武台千葉高……………………… 28
専修大学附属高……………… 51, 94
洗足学園高………………………… 74

タ行
竹早高（都立）…………………… 78
立川高（都立）…………………… 79
田奈高（県立）…………………… 10
千歳丘高（都立）………………… 79
中央大………………………… 22, 75
中央大学高…………………… 24, 56
中央大学杉並高…………………… 24
中央大学附属高…………………… 24
中央大学横浜山手高………… 22, 75
調布北高（都立）………………… 78
調布南高（都立）………………… 78
鶴見大学附属高…………………… 74
帝京大学高………………………… 36
田園調布高（都立）……………… 79
桐蔭学園高………………………… 75
東京大………… 20, 33, 48, 72, 94
東京都市大等々力高……………… 54
桐光学園高………………………… 74
桐朋高……………………………… 72
豊島学院高………………………… 60
豊島高（都立）…………………… 78
戸山高（都立）…………………… 6
豊多摩高（都立）………………… 78

ナ行
永山高（都立）…………………… 78
2学期制 …………………………… 33
西高（都立）…………………… 6, 76
日本女子大学附属高……………… 50
日本大学高………………………… 74
日本大学第三高……………… 72, 86

ハ行
拝島高（都立）…………………… 79
白鵬女子高………………………… 74
八王子東高（都立）……………… 79
羽村高（都立）…………………… 79
東高（都立）……………………… 78
東村山西高（都立）……………… 79
日野台高（都立）………………… 78
日比谷高（都立）……………… 6, 76
平塚学園高………………………… 87
広尾学園高………………………… 84
深川高（都立）…………………… 79
富士高（都立）…………………… 79
富士森高（都立）………………… 79
淵江高（都立）…………………… 78
府中高（都立）…………………… 79
府中東高（都立）………………… 79
保善高……………………………… 62
保谷高（都立）…………………… 79

マ行
町田高（都立）…………………… 79
三鷹高（都立）…………………… 78
三田高（都立）…………………… 78
南葛飾高（都立）………………… 79
武蔵丘高（都立）………………… 78
武蔵野北高（都立）……………… 78
明星高……………………………… 64
目黒高（都立）…………………… 78

ヤ行
安田学園高………………………… 81
横須賀学院高………………… 75, 87
横浜商科大学高…………………… 74
横浜翠陵高………………………… 74
45分授業 ………………………… 23

ラ行
65分授業 ………………………… 33

ワ行
早稲田実業学校高等部…………… 72
早稲田大…………………………… 72
和洋国府台女子高………………… 68

From Editors

日に日に日没が早くなり、秋も深まり、めっきり冬を感じる季節になってきました。受験まで早い人だと2カ月を切り、焦りを感じている人もいるのではないでしょうか。

この時期からは体調を崩しやすくなるので、気をつけなければなりません。空気も乾燥し、風邪やインフルエンザの予防に留意し、うがい、手洗いをこまめに行うようにしましょう。受験の前に病気に負けないことが合格への近道です。

ご存じとは思いますが「サクセス広場」や「学習パズル」では、みなさんからのお便りをお待ちしております。どしどしご応募ください。 (M)

Information

『サクセス15』は全国の書店にてお買い求めいただけますが、万が一、書店店頭に見当たらない場合には、書店にてご注文いただくか、弊社販売部、もしくはホームページ（下記）よりご注文ください。送料弊社負担にてお送りいたします。

定期購読をご希望いただく場合も、上記と同様の方法でご連絡ください。

Opinion, Impression & etc

本誌をお読みになられてのご感想・ご意見・ご提言などがありましたら、ぜひ当編集室までお声をお寄せください。また、「こんな記事が読みたい」というご要望や、「こういうときはどうしたらいいの」といったご質問などもお待ちしております。今後の参考にさせていただきますので、よろしくお願いいたします。

◆サクセス編集室
TEL 03-5939-7928
FAX 03-5939-6014

高校受験ガイドブック2011 12 サクセス15

発行 2011年11月15日 初版第一刷発行
発行所 株式会社 グローバル教育出版
〒101-0047 東京都千代田区内神田2-4-2
TEL 03-3253-5944
FAX 03-3253-5945
http://success.waseda-ac.net/
e-mail gokaku@g-ap.com
郵便振替 00130-3-779535
編集 サクセス編集室
編集協力 株式会社 早稲田アカデミー

Success15
12月号

Next Issue

1月号は…

Special 1

教科別勉強法を紹介

中3生の冬休みの勉強法

Special 2

東大生の座談会
受験の成功、失敗談など